Günther Bloch · Elli H. Radinger

Affe trifft Wolf

Dominieren statt kooperieren?
Die Mensch-Hund-Beziehung

KOSMOS

Inhalt

Vorwort	4
Zu diesem Buch	8

Affen, Kaniden und Rabenvögel 12
Eine bemerkenswerte Ko-Evolution

Die Entwicklung von Mensch und Hund	14
Benehmen wir uns immer noch wie Primaten?	20
Warum ist der Wolf für uns Hundehalter so wichtig?	24
Mensch traf Wolf! Ko-Evolution zweier „Kooperationstiere"?	28
Mensch, Wolf & Rabe – eine zwischenartliche Beziehung	32

Die Domestikation des Haushundes 38
Menschen und frühe Wolfshunde

Wann und wo könnte der Hund entstanden sein?	40
Wie könnte der Hund entstanden sein?	43
Die Explosion in der Hundezucht	48
Von welchem Wolfstyp stammt „Ihr" Hund ab?	49
Was verbindet, was unterscheidet Wolf und Hund?	52
Soziale Organisationsformen von Wolf und Hund	60
Die Sache mit den Zeigegesten	67

Kulturgeschichte Mensch – Hund 72
Biologische Beziehungsebenen

Alles nur territoriale Beutejäger?	74
Vom Lieben und Leben von Mensch und Hund	83
Sind wir klüger als unser Hund?	92
Wer ist wer: Leisetreter oder Kontrollfreak?	100

Wer ist wer: Anführer oder Mitläufer?	107
Das Dreistufenmodell	110
Vom Seelenverwandten bis zum Experten	116

Gefühle, Empathie und Moral 121
Sozioemotionale Beziehungsebenen

Haben Tiere ein Gefühlsleben?	124
Sozioemotionalität in der Tierwelt	124
Sozioemotionalität in der Wolfswelt	129
Sozioemotionalität Mensch – Hund	134
Können Hunde unsere Gefühle lesen?	136
Können Menschen die „Hundesprache" verstehen?	137
Körperkontakt und Berührung – alles nur Vermenschlichung?	140
Voraussetzungen für ein stabiles Gefühlsleben	143

Mensch und Hund im Haus 148
Affe trifft Wolf

Hausstandsregeln versus Ritualeinübungen	150
Ein repräsentativer Hundetag im Hause Bloch	155
Ein repräsentativer Hundetag im Hause Radinger	163
Wussten Sie …?	172

Service 176

Begriffserklärungen	178
Wolfsliteratur	179
Quellenverzeichnis	180
Dank	184
Adressen	185
Autoren	186
Register	188
Impressum	192

Vorwort

Dieses neue Werk der Caniden-Spezialisten Günther Bloch und Elli H. Radinger ist der Hund-Mensch-Beziehung gewidmet – aus evolutionsbiologischer Sicht.

Sie verstehen den Menschen, das Lebewesen zwischen Natur und Kultur, als „den Affen in uns", begreifen „unsere" Geschichte als eine Jahrmillionen währende, und Hunde als „ehemalige" Wölfe.

Dieser Ansatz ist hervorragend und in der sauberen Gedankenführung wie Konsequenz der Hypothesenableitung einmalig gelungen.

Er beantwortet vornehmlich den Anpassungswert und den stammesgeschichtlichen Ursprung des Verhaltens, damit die Teilfragen drei und vier der vier logisch trennbaren Ebenen der Verhaltensanalyse, wie sie der Nobelpreisträger Nikolaas Tinbergen 1963 so trefflich beschrieb. Es geht vornehmlich um Anpassungsmechanismen und stammesgeschichtliche Ursachen des Hundeverhaltens (Funktion und Evolution).

Mensch und Tier

Die Grenzen zwischen „Mensch" und „Tier" weichen sukzessive, der „Mensch" blickt inzwischen vom Thron seiner „kulturellen wie biologischen Einzigartigkeit" recht einsam herab. Die sozialen Unterschiede zwischen ihm und anderen Wirbeltieren (soziale Caniden und Rabenvögel neben Affen und Menschenaffen) erweisen sich immer deutlicher als gradueller und nicht grundsätzlicher Natur. Das ist nicht erstaunlich für die Existenz homologer (also abstammungsgleicher) Merkmale. Dennoch wollte man es lange nicht wahrhaben. Der eine oder andere Kulturgeschichtler mag das auch heute anders sehen.

Soziale Regelhaftigkeiten auf hohem Niveau sind auch und gerade Wölfen und Hunden eigen. Auch sie haben Traditionen, sie arbeiten zusammen, sie helfen einander, indem sie im Rahmen sozialer Problemlösung kooperieren, sie bilden via Ausdruck ein Kaleidoskop unterschiedlichster Emotionen ab und lehren uns Fairness und Moral, pflegen Traditionen, indem sie soziales Verhalten weitergeben.

Wo ist der Schnittpunkt zwischen Natur und Kultur, so mag man sich fragen, liest man die vielen Beispiele für beide Bereiche bei Caniden und Hominiden.

Übrigens werden natürlich auch die Rabenvögel und Wölfe thematisiert, die auf sozialem Niveau zusammengehören und einander so hervorragend ergänzen.

In der Zeit unserer Wolfsbeobachtungen im Tiergarten des Zoologischen Instituts der Universität Kiel fielen uns die Rabenkrähen im Wolfsgehege immer wieder auf, sie gehörten zu den Wölfen und wurden toleriert.

Historie der Menschwerdung

In Bezug auf die Hominisation (den stammesgeschichtlichen Prozess der Menschwerdung) muss die Anthropologie Antworten auf die Fragen suchen, welche Wechselwirkungen zwischen den Vorfahren des Menschen und seiner Umwelt für die Entwicklung spezifischer Merkmale des *Homo sapiens* verantwortlich waren. Meine Kollegin Inge Schröder[*] betont, dass „gerade die soziale Organisation des Menschen ein einzigartiges, speziestypisches Merkmal" ist, dass wir bei unseren nächsten Verwandten völlig andere Lebensformen finden (solitär, Polygamie (Vielehe) beim Orang Utan oder Sammlungs- / Trennungsgesellschaften mit promiskem Paarungsmuster beim Schimpansen).

Die Autoren stellen „unsere Historie" so klar wie kurzweilig dar, unter Einbeziehung des Wolfes / Hundes in diese, was ja viel Sinn macht. Wölfe sind sehr gruppenbezogen, passen zum Menschen, weit mehr als die Ich-bezogenen Schimpansen, es ist nicht erstaunlich, dass Wölfe domestiziert wurden. Zum theoretischen Abschnitt gehört jeweils ein anwendungsbezogener Part für Hundehalter.

---

*Gruppe G., Christiansen K., Schröder I., Wittwer-Backofen U.: Anthropologie, 2005, Springer)

Die Verbindung zum Hund

Und nun lese ich sie quasi, die Gedanken einiger dieser Hundehalter, die wissen wollen, was tun mit diesem und jenem Hund, und nicht verstehen, warum Günther Bloch und Elli Radinger verhaltensbiologisch wie anthropologisch „in die Tiefe" gehen. Ist denn das nötig? Muss man das wissen? Wenn man verstehen will, warum sich Hunde so verhalten, unbedingt.

Es geht um ein biologisches Grundverständnis dessen, was uns mit Hunden verbindet, was wir sind, wo unsere Wurzeln sind. Es geht um tiefere Einblicke in soziale Systeme, um nachvollziehbar zu machen, was uns zum Wolf brachte, der mit uns in einem langen Zeitfenster zum Hund wurde.

Hunde sind so wie sie sind, weil Wölfe ihre Ahnen waren. Die sind extrem sozial und kooperieren nicht nur bei der Jagd und Jungenaufzucht, stimmen sich vielmehr

über so viele soziale Belange ganz fein ab. Und Hunde beobachten uns so genau und berücksichtigen unsere Stimmung und Tagesform in jeder Interaktion, weil sie dieses soziale Erbe haben. Umgerichtet auf uns, die damit immer wieder nicht so recht umgehen können. Weil wir eben nicht wissen „was ist das, der Hund?". Trotz der vielen Hundebücher mit ganz genauen Anleitungen, was man in dieser und jener Situation als Mensch mit dem Hund zu tun hat. Warum all dieses nicht helfen kann, begreift man, wenn man evolutionsbiologisch denkt, wenn man das „woher kommen wir, wohin gehen wir?" hilfreich mit biologischen Grundlagen stützen kann, den Wolf /

Hund einbezogen. Zudem hat die Verallgemeinerung von Einzelfällen noch nie geholfen, weil Hunde individuell sind wie wir und ihre sozialen Strategien natürlich auch.

Von Herzen gefreut hat mich eine diesbezügliche Sentenz der Autoren: „Die Frage, die uns immer wieder gestellt wird, warum wir Wölfe beobachten, möchten wir hier abschließend ganz kurz zusammenfassen: Weil wir durch das Beobachten von Wölfen und anderen Tierarten ganz einfach kundiger werden, und weil Wissensvermehrung weder wehtut noch schadet. Wir lernen jeden Tag etwas Neues hinzu." Gut gebrüllt,

Löwe. Wer neugierig ist und bleibt, wer langjährig Wölfe, Haushunde – und Rabenvögel beobachtet, wie die Autoren, der verfügt über ein solides Fundament biologischen Grundlagenwissens. Und wenn so einer dann über Hunde und Menschen schreibt, wird deutlich, dass nicht gebetsmühlenartig irgendein Hundeverhalten beschworen wird, sondern dass Hundeverhalten abgeleitet und damit verständlich wird.

Sicher, kein schneller Weg. Sicher, kein einfacher Weg. Dennoch der einzig richtige, wenn es um Erkenntniszuwachs geht. Und den brauchen wir so dringend. Hunde sind heute in unseren Breitengraden unverstandener denn je.

Das „Wo kommen wir her, warum passen wir so gut zusammen?" wird wissenschaftlich aufbereitet (mit Zitaten versehen!) und ist exzellent und spannend geschrieben.

Es ist neu, für mich beglückend und befreiend, dass Günther Bloch und Elli Radinger eben diesen Weg gehen, dass weder „dümmlich-kindlich" noch instrumentalisierend über Hunde berichtet wird, dass nicht nachgebetet wird, was immer wieder in Hundebüchern tradiert wird, sondern aus dem Fundus der vergleichenden Beobachtung geschöpft wird.

Die Autoren haben ein sehr anspruchsvolles, auf wissenschaftlichen Daten bzw. Hypothesen basierendes Werk geschrieben, das viele neue Denkansätze bietet und geeignet ist, Hunde anders zu betrachten und entsprechend mit ihnen umzugehen.

Beide sind „Zoologie-Infizierte", geprägt durch lange Jahre der Freilandbeobachtungen und der Auseinandersetzung mit ethologischer Literatur. Das liest man, das ist das Besondere dieses Buches.

Kooperation, so zeigt es sich, stellt langfristig gesehen die stabilste evolutionäre Strategie dar, ist die Grundlage sozialer Kompetenz – der Fähigkeit, soziale Bindungen zu anderen anzuknüpfen, auszubauen und aufrecht zu erhalten.

Und diese soziogenetischen Fähigkeiten einen Menschen und Hunde. Vom Rabenvogel ganz zu schweigen.

Es ist nicht die schnelle Idee, der Tipp, der Trick, der dem Verständnis dienlich ist. Fundiertes Grundlagenwissen führt zu Erkenntnissen, die der Anwendung dienen.

Nur so kann es (weiter)gehen.

Dr. Dorit Urd Feddersen-Petersen
Ethologin am Institut für Haustierkunde
der Universität Kiel

Zu diesem Buch

Das hat uns gerade noch gefehlt. Nach dem Versuch, „wölfisch zu lernen", sollen wir Menschen aus dem modernen Medienzeitalter uns jetzt auch noch mit den eigenen Verwandten aus der Primatenwelt beschäftigen? „Affe trifft Wolf". Was soll das? Das fragen wir uns auch. Deshalb haben wir uns für diesen plakativen Titel entschieden. Tun wir nicht alle manchmal so, als würden wir die Begriffe Zusammenarbeit, Moral und soziale Verantwortung nicht kennen? Wenn wir Menschen uns selbst schon als „ethisch-moralische Kooperationstiere" beschreiben, warum nehmen dann Selbstverwirklichung, Missgunst, Hass, Tierquälerei und das Töten aus reinem „Spaß" zu? Führen wir uns unseren egoistischen Lebensstil des heutigen technisch versierten Menschen, im Zeitalter der globalen Erwärmung, des „Radikalkapitalismus" und der Überflussgesellschaft vor Augen, dann sollten wir uns fragen, wie intelligent wir eigentlich sind. Geradezu lächerlich scheint unser Versuch, *die* Natur beherrschen zu wollen.

Vieles, was wir im Umgang mit Hunden so anstellen, muss diesen wie das reinste „Affentheater" vorkommen. Wenn wir mitunter wie Schimpansen auftreten, dürfen wir uns nicht wundern, wenn der Hund die Welt nicht mehr versteht. Egoismus anstelle von Kooperation? Dominanz statt Bedürfnisangleichung? Wo ist bloß unsere so hoch gelobte soziale Intelligenz geblieben, wenn wir wie ein wilder Schimpansenchef geradezu hysterisch „Ressourcenkontrolle" betreiben oder unseren Hunden vorleben, wie man nur auf den eigenen Vorteil bedacht ist?

Familie Bloch am Bow-Fluss in den Kanadischen Rockies.

Eine Brücke zwischen zwei Welten

Schwierig wird es, wenn es darum geht, vergangene Kulturen mit heutigen Gegebenheiten zu vergleichen oder gar eine Brücke zu schlagen zwischen Primaten- und Kanidenwelt. Wir wollen uns trotzdem diese Freiheit nehmen. Zum einen, weil wir Zehntausende Freilandstunden *zusammen* mit Wölfen in freier Wildbahn verbracht haben. Zum anderen, weil wir Wolf-Karibu-, Wolf-Bison-, Wolf-Hirsch- oder Wolf-Rabe-Beziehungen glücklicherweise noch *live* erleben. Das größte Problem sind derzeit noch unsere geistigen Kapazitätsgrenzen. Da sitzen wir als „kleine Würstchen" auf einem Beobachtungsposten und fragen uns, ohne jemanden schulmeisterlich belehren zu wollen: Geht nicht jede Minute, die wir im Internet verbringen oder nutzlose Facebook-Kommentare schreiben, von der Zeit ab, die wir als Alternative draußen mit Tierbeobachtungen verbringen könnten?

Ich [Bloch] habe dies persönlich mit einem klaren Ja beantwortet, mich aus Deutschland „vom Acker gemacht", um noch genauer hinzuschauen, was Tiere so tun, wie sie was tun und warum sie es tun.

Ich [Radinger] komme als Herausgeberin des Wolf Magazins nicht umhin, mich mit Internet, Facebook & Co zu beschäftigen. Dafür schätze ich besonders meine „Auszeit" in der Wildnis von Yellowstone, weil sie mich wieder „zurück zur Natur" und damit zu meinen Wurzeln bringt.

Vielleicht verstehen wir Naturforscher ein wenig besser, warum wir Menschen das sozialethische Familientier Wolf domestiziert haben und nicht den ich-bezogenen Affen. Gewiss, Überlegungen zur „Mensch-

Elli Radinger bei der Wolfsbeobachtung im Yellowstone-Nationalpark

werdung" durch Beeinflussung des Wolfes gibt es zuhauf, so z. B. die Arbeiten von D. Feddersen-Petersen und I. Schroeder aus dem Jahre 2002. In Bezug auf die Hypothese zur Ko-Evolution Mensch-Kanide haben wir jedoch die Einbeziehung des Raben vermisst.

Forschung über Menschen und Tiere

Zusätzlich beschäftigen wir uns mit der Frage, wo die substanziellen Unterschiede zwischen Wolf und Hund liegen und welche Grundvoraussetzungen wir für ein optimales Verhältnis zwischen Mensch und Hund beachten sollten.

Oft wird behauptet, man dürfe Erkenntnisse aus der Tierforschung nicht auf den Menschen übertragen. Dem entgegnet der bekannte Primatenforscher Frans de Waal (2011): „Sie (Menschen) mögen komplizierte Tiere sein, aber bei Veranlagungen, die wir mit vielen anderen Tieren teilen –

Wettbewerbsstreben, Dominanz, Empathie, Altruismus, Territorialität – ist schwer vorstellbar, dass sie nichts mit unserer Evolution zu tun haben sollen."

Intelligenz und Emotionen
Spannend fanden wir auch das Thema „Intelligenz" bei Mensch *und* Hund, das bislang in der Literatur extrem stiefmütterlich behandelt wurde.

Besonders am Herzen liegt uns außerdem ein weiteres Schwerpunktthema dieses Buches: die „sozioemotionale Beziehungsebene von Mensch und Hund". Viele von uns tun sich immer noch schwer damit, Tieren Emotionen und Gefühle zuzugestehen. Gesunde Skepsis ist immer angebracht und völlig in Ordnung. Nicht dagegen arrogante oder gar herablassende Bemerkungen, wie: „Keiner kann in den Kopf eines Tieres schauen" oder „Kanidenforscher, die sich dieser Thematik verschreiben, sollten besser ihre rosarote Brille zur Seite legen". Anscheinend gilt oftmals nur derjenige als „cool", der Kaniden auf instinktgesteuertes Beutefangverhalten reduziert. Eine praktische Vorführung, wie man das „Raubtier" Hund anscheinend problemlos bändigt, mag beim Laien für großes Erstaunen sorgen. Uns lässt ein solcher „Rudelführer-Primatentanz" kalt. Alternativ stellen wir eine Fülle aktueller Resultate von bekannten und seit vielen Jahren tätigen Forschern vor, die den vielschichtigen Austausch von Emotionen unter verschiedenen Säugetieren – besonders aber auch zwischen Mensch und Hund – eindrucksvoll beweisen.

Eine Bemerkung am Rande zum Thema „Anerkennung von Empathie, Emotionen und Moral bei Tieren in wissenschaftlichen Kreisen": Bei der Vorbereitung zu diesem Buch ist uns immer wieder aufgefallen, dass es erfahrenen Wissenschaftlern, die sich intensiv mit dem Thema beschäftigen (z. B. George Schaller, Frans de Waal, Jane Goodall, Marc Bekoff, Dorit Feddersen-Petersen), offensichtlich leichter fällt und sie eher bereit sind, „über den Tellerrand" zu blicken, als naturwissenschaftliche Neueinsteiger. Wir können nur vermuten, dass unsere jungen Kollegen vielleicht fürchten, mit diesen Themen in wissenschaftlichen Kreisen nicht ernst genommen zu werden.

Marc Bekoff (2011) sagt dazu stellvertretend für seine Kollegen: „Wenn sich Feldforscher eine gewisse Zeit mit den Objekten ihrer Untersuchung beschäftigen, entwickeln sie unvermeintlich ein Gefühl der Nähe und vielleicht sogar Liebe für die Tiere, die sie studieren. Penible Erbsenzähler können diese emotionale Beteiligung als einen Störfaktor betrachten, der die objektive Wahrnehmung beeinträchtigt, zu der Wissenschaftler eigentlich verpflichtet sind. In Wahrheit ist es so, dass erst solch eine emotionale Bindung an das Beobachtungsobjekt dazu führt, dass das Forschungsobjekt als Subjekt wahrgenommen wird." Dem haben wir nichts mehr hinzuzufügen.

Beobachtungen in Banff und Yellowstone
In unseren „Feldnotizen", die Sie überall im Buch finden werden, erzählen wir Ihnen Geschichten von unseren Beobachtungen bei den Wölfen von Banff [Bloch] und Yellowstone [Radinger]. Bitte beachten Sie, dass alle hier geschilderten Verhaltensbeschreibungen exemplarisch sind.

Die Frage, die uns immer wieder gestellt wird, warum wir Wölfe beobachten, möchten wir hier abschließend ganz kurz zusammenfassen: Weil wir durch das Beobachten von Wölfen und anderen Tierarten ganz einfach kundiger werden und weil Wissensvermehrung weder wehtut, noch schadet sie. Wir lernen jeden Tag etwas Neues hinzu.

Dieses Buch ist kein Erziehungsratgeber. Es würde uns freuen, wenn Sie, statt das Buch querzulesen – auf der Suche nach dem ultimativen Geheimtipp für den Umgang mit Ihrem Hund –, sich ein wenig Zeit nehmen und sich gemütlich in einen Sessel setzen, um sich mit unserer eigenen Vergangenheit und der unserer vierbeinigen Sofawölfe ein wenig intensiver zu beschäftigen. Letztlich sei erwähnt, dass alle Wolfsfotos von John Marriott und Helga Drogies frei lebende Tiere zeigen (Ausnahme: die beiden Fotos auf S. 68).

Wir wünschen Ihnen viel Spaß beim Lesen.

Günther Bloch & Elli H. Radinger

EINE BEMERKENSWERTE KO-EVOLUTION

Affen, Kaniden und Rabenvögel

Die Entwicklung von Mensch und Hund

Haben ganz bestimmte Tierarten in der Entwicklung der Menschheit eine größere Rolle gespielt als bisher angenommen?
Die amerikanische Paläoanthropologin Pat Shipman (2011) vertritt jedenfalls die Auffassung, dass der frühzeitige Mensch durch das Leben mit Tieren erst fähig wurde, Sprache, Werkzeuge und Kultur zu entwickeln. Diese Behauptung hat nur einen Haken: Wie wir längst wissen, benutzen selbst Schimpansen Werkzeuge, die sie sich gezielt zurechtbasteln. Gleiches galt auch für den Neandertaler. Daher gehen wir davon aus, dass es viel eher der uneigennützige, soziale Lebensstil (und im weitesten Sinne die „Moral und Ethik") des Wolfes war, den *Homo sapiens* – im Laufe eines langen Anpassungsprozesses – durch Verhaltensbeobachtungen und -vergleiche für seine Weiterentwicklung als vorteilhaft ansah.

Diese Hypothese vertrat der Ethologe Wolfgang Schleidt (1998) schon 1989: „In der Natur entspricht die Ethik des Menschen am ehesten der des Wolfes, *Canis lupus*."

Dorit Feddersen-Petersen wirft jedoch die Frage auf: Hatte der Mensch diese Vorausschau der Dinge? Oder war da die bessere „Passung" bezüglich eigener Bedürfnisse mit diesem Kaniden, so dass man es bei sich beließ? Eine abschließende, zufriedenstellende Antwort werden wir wohl nie erhalten.

Wo kommen Mensch und Wolf her?
Ich [Radinger] habe heute beim Hundespaziergang den Zug der Kraniche nach Süden beobachtet. Zehntausende Vögel zogen über meinen Kopf auf uralten Routen, denen sie schon seit Anbeginn ihrer Zeit folgten und auch weiterhin folgen werden. In unserer hochtechnisierten Welt können wir, die wir solche Spektakel beobachten, nicht anders als darüber nachzudenken, wo auch wir herkommen und wo wir hingehen.

Die Evolution des Menschen ist ein riesiges unvollendetes Thema, bei dem sich Aussagen über das aktuelle Alter der Menschheit durch spektakuläre Fossilienfunde und neue molekulargenetische Untersuchungen fast täglich ändern und „überholen". Immer neue spektakuläre Funde haben inzwischen den Stammbaum des Menschen in einen verworrenen Stammbusch verwandelt. Was wir heute wissen, ist, dass sich in den vergangenen vier bis fünf Millionen Jahren ein bunter Haufen höchst unterschiedlicher Urmenschen auf dem Stammbaum des Menschen – zunächst ausschließlich in Afrika – getummelt hat. Der letzte gemeinsame Vorfahre von Menschenaffe und Mensch lebte etwa vor fünf bis zehn Millionen Jahren. Es gilt als gesichert, dass der gemeinsame Vorfahre vom heutigen Menschen und dem Neandertaler der *Homo erectus* war. Der sogenannte „aufrecht gehende Mensch" lebte vor etwa zwei Millionen Jahren in Afrika. Fossilien, die am Turkana-See in Kenia gefunden wurden, weisen darauf hin, dass dieser Urmensch schon vor rund 1,8 Millionen Jahren fortgeschrittene Steinwerkzeuge (Faustkeile) hergestellt hat (Lepre et al. 2011), mit

Der Zug der Kraniche ist zwei Mal jährlich ein großartiges Naturschauspiel.

deren Hilfe er sowohl große, von Raubtieren zurückgelassene Beutetiere zerlegen als auch selbst auf die Jagd gehen konnte.

Der Großwildjäger *Homo neanderthalensis* dagegen tauchte sehr spät in unserem Stammbaum auf (vor etwa 130.000 Jahren). Heute gilt er als ausgestorbene Seitenlinie des Menschen. Als überwiegender Fleischesser verbrauchte der Neandertaler aufgrund seiner aufwendigen Lebensweise geschätzte 5.000 Kalorien täglich. Durch die einseitige Ernährung wurden diese Menschen nicht älter als dreißig bis vierzig Jahre. Wir wissen heute, dass der Neandertaler zweifellos weit entwickelt, klug und ein guter Jäger war, der Werkzeuge fertigte und seinen Feuerstein teilweise aus 100 km Entfernung zu seinem Wohnplatz holte. Das zeugt von Planung, Wissen und Mobilität. Er legte darüber hinaus auch ein ausgeprägtes Sozialverhalten an den Tag, pflegte Kranke und Verletzte und bestattete seine Toten. Vor etwa 30.000 Jahren verschwand er von der Bildfläche – warum, ist noch nicht vollständig geklärt.

Die Wiege des modernen Menschen

Der moderne Mensch (*Homo sapiens*) entstand vor etwa 200.000 Jahren, höchstwahrscheinlich in Südafrika. Er ernährte sich nun neben Fleisch auch von Wassertieren wie Fischen oder Schildkröten, die er auf dem Feuer kochte, sowie von Früchten, die er sammelte. Die flexible eiweißreiche Ernährung dürfte auch zu einer Vergrößerung des Gehirns geführt haben, was wiederum für eine Veränderung des Sozialverhaltens ursächlich ist. Außerdem bekam er kleinere Zähne und sein Magen veränderte sich. Jetzt konnte *Homo sapiens* länger und schneller laufen als alle seine Vorfahren. Er verlor seine Körperhaare, überhitzte nicht mehr und wurde zu einer Art ausdauerndem „Marathonläufer", der tagsüber äußerst energieeffizient vier bis fünf Stunden am Stück laufen und Beutetiere bis zu deren Erschöpfung nachstellen konnte. Ein Vorteil, den die afrikanischen Buschmänner noch heute bei der Jagd auf unterschiedliche Huftierarten geschickt zu nutzen wissen. Interessant ist in diesem Zusammenhang auch eine neue Studie (Currat 2011), die nachweist, dass die genetische Vielfalt der Buschmänner in Afrika heute noch höher ist als irgendwo sonst auf der Welt, vermutlich weil sie eng mit der Natur zusammenleben und deshalb eine größere Anpassungsfähigkeit unter Beweis stellen müssen. Rein theoretisch könnten also afrikanische Buschmänner eher überleben, als ein Banker im 59. Stock in Manhattan (was wohl niemand anzweifeln wird). Seine Werkzeuge und Ausrüstungsgegenstände waren auffallend hoch entwickelt. Das brachte es mit sich, dass eine neue und komplexere Kultur und Gesellschaft entstand.

Homo sapiens zog auf der Suche nach neuen Nahrungsquellen von der afrikanischen Savanne unaufhaltsam weiter in Richtung Naher Osten, wo er sich vor etwa 70.000 Jahren nachweislich mit dem Neandertaler vermischte. Dies ergaben neue Untersuchungen des Genetikers Svante Pääbo (2010), dem es gelungen war, die Erbsubstanz des Neandertalers zu entschlüsseln. Pääbos Erkenntnis: „Noch heute tragen wir Europäer ein Stück Neandertaler in uns."

Als sicher gilt das Zusammentreffen beider Menschenschläge vor spätestens 40.000 Jahren in der europäischen Steppenlandschaft. Dort lebten große Rentierherden und vielerlei andere Huftiere. Vermutlich koexistierten beide Formen des neuzeitlichen Menschen lange Zeit, bevor die letzten, ins westliche Europa zurückgedrängten Neandertalergruppen vor ca. 30.000 Jahren endgültig ausstarben. *Homo sapiens* setzte seinen weiteren Siegeszug fort und sollte später in der Säugetierwelt zur dominierenden Spezies avancieren.

Ko-Evolution von Menschen und Hunden?
Eine Alternative zur Domestikationstheorie

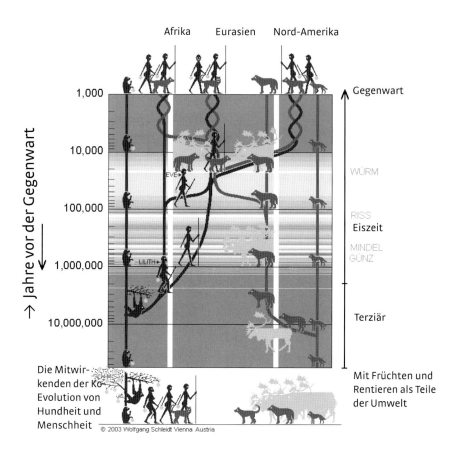

Quelle: Schleidt, W.M. und Shalter, M.D. (2003): Co-evolution of humans and canids:
An alternative view of dog domestication: HOMO HOMINI LUPUS?
Evolution and Cognition 9 (1): 57–72.

Wo kommen unsere Hunde her?

Die Evolution von hundeartigen Raubtieren begann bereits vor etwa zehn Millionen Jahren in Nordamerika, von wo aus sie große Wanderausflüge unternahmen, zunächst nach Asien, später nach Europa und Afrika.

Während die erste „echte" Wolfsart (*Canis edwardii*) wohl schon vor 1,8 Millionen Jahren aus einer kojotenähnlichen Art in Nordamerika entstand, trat der uns geläufige Grauwolf (*Canis lupus*) erst vor etwa einer Million Jahre auf die Weltbühne. Somit ist er ohne jeden Zweifel etwa gleich alt wie der Urtyp des Menschen (*Homo erectus*), der nach neuesten Funden vor etwa 1,76 Millionen Jahren lebte und der lange Zeit Eurasien bis China besiedelte. Optimal angepasst an das Migrationsverhalten damaliger Huftierherden, entwickelte sich der Wolf unter allen Säugetieren zum ersten „Hirten" überhaupt. Seine Fähigkeit, kollektiv zu jagen, Nahrung mit Gruppenmitgliedern zu teilen und Beuterisse gegen Fressfeinde zu verteidigen, ließ ihn zum Top-Beutegreifer Europas aufsteigen. Hier und im Nahen Osten trafen letztendlich Jagdprofi Wolf und „Jagdlehrling" Neandertaler vor etwa 150.000 Jahren erstmalig aufeinander. Wären wir heute nicht auch besser dran, wenn wir uns nicht als die „Meister" sehen, sondern von den „Lehrlingen" Hund lernen würden?

Die Entwicklung von Mensch und Hund

Was bedeutet das für mich als Hundehalter?

In der Wolfswelt sorgen derweil drei wichtige Grundregeln für allgemeine Zufriedenheit und Ausgeglichenheit, die wir uns als heutiger Hundehalter einmal zu Herzen nehmen sollten:

– Vertrauen entsteht durch eine Bereitschaft von gegenseitigem Geben und Nehmen. Das ist für Hundeartige völlig selbstverständlich, nur wir vergessen es allzu oft (Foto 1).

– Auch für die heutige Mensch-Hund-Beziehung gelten nach wie vor allgemeingültige Gruppenregeln, die Respekt und Disziplin vermitteln sollten (Foto 2: Hunde lernen über Verhaltensrituale und aggressive Kommunikation, was geht und was nicht geht).

– Wie wir moderne Hundehalter mittlerweile wissen sollten, sorgen regelmäßige gemeinsame Erkundungen und Aktivitäten für Auslastung. Letzteres bedeutet für uns alle: Man muss den inneren Schweinehund überwinden und täglich mindestens zwei lange Spaziergänge von ein bis anderthalb Stunden machen (Foto 3: Auch selbstständiges Erkunden der Umwelt ist für den Hund wichtig).

Foto links: Die „Pipestones" ist die Wolfsfamilie, die wir (Bloch) zurzeit täglich begleiten. Leitrüde Spirit, Leitweibchen Faith, Babysitterin Blizzard und der aus vier Jungtieren bestehende Nachwuchs im Winter 2011/2012 (von links nach rechts).

Menschenaffen leben zwar in Gruppenverbänden, kooperieren aber nicht so ausgefeilt und langfristig miteinander wie es unter Kaniden üblich ist.

Benehmen wir uns immer noch wie Primaten?

Auch wir Hundehalter haben uns oft schwer getan, mit Neandertalern oder eventuell vordergründig egoistischen Menschenaffen verglichen zu werden. Wer will schon als „primitiver Affe" angesehen werden. Bedenken wir jedoch, dass selbst Frans de Waal (2011) sagt, dass auch wir Egoisten sind, nur eben abhängig von anderen Menschen. Aus diesem Grund leben Menschen in Gesellschaften und Affen in Gruppen; allein würden wir nicht überleben. Was uns alle zunächst empören mag, bekommt dann einen Sinn, wenn wir uns unserer eigenen Naturentfremdung bewusst werden, die unser hektisches Alltagsleben zwangsläufig mit sich bringt. „Menschen und Tiere sind Teil derselben Welt, dieses sollten wir nie vergessen. [...] Wir können nicht so tun, als lebten wir alleine und autark auf dieser Welt", mahnte uns Dorit Feddersen-Petersen (2004) schon vor Jahren.

Wann also fangen wir im Umgang mit Hunden wieder damit an, uns als Teil der Natur zu sehen und instinktiv unserem Bauchgefühl zu vertrauen? Dass dies gar nicht mehr so einfach ist, sieht man an einem neuen Trend: Angesehene Manager großer Firmen stürmen sogenannte „Survival-Camps" in Kanada, um dort unter fachlicher Anleitung zu lernen, wie man ohne technische Hilfsmittel in rauer Umwelt überlebt. Damit wollen sie Führungsqualitäten erlernen. Dabei kommen die feinen Herren mächtig ins Grübeln. Wie töte ich ohne Waffen ein Kaninchen, um nicht zu verhungern? Was tue ich, wenn ich einem Grizzly oder Puma begegne? Wo finde ich Schutz vor dem Wetter? Wenn es ums nackte Überleben geht, besinnt man sich innerhalb kürzester Zeit verloren geglaubter Urinstinkte. Der Neandertaler lässt grüßen!

Wer jedoch einmal gelernt hat, auf seine Instinkte zu hören, kann sich ein solches Survival-Training sparen. Allerdings sollten wir nie vergessen, dass unser menschliches Bauchgefühl deutlich schlechter ist als das der Tiere. So sind beispielsweise die seismografischen Fähigkeiten von Tieren schon seit der Antike bekannt. Sie schlagen bis zu zwanzig Stunden vor einem Erdbeben Alarm.

Führung ohne Chefallüren

Führung zeichnet sich nicht durch Chefallüren aus. Vielmehr lebt eine Führungspersönlichkeit eine Vorbildfunktion vor – und verzichtet auf „Primatengehabe". Was das ist, erklärt die bekannte Primatenforscherin Jane Goodall (2007): „Schimpansen sind Individualisten. In freier Natur sind sie ungestüm und aufbrausend. Sie sind stets auf ihren eigenen Vorteil bedacht. Sie sind eben keine Rudeltiere." Schimpansenmütter vertrauen z. B. ihre Kinder normalerweise keinem anderen Gruppenmitglied an, das sich um sie kümmern kann – ganz im Gegensatz zu Mensch und Wolf.

Zwar gibt es Beweise für eine kurzzeitige Zusammenarbeit zwischen Schimpansen, dagegen zeigen Bonobos schon etwas mehr Kooperationswillen. Im Lola Ya Bonobo Sanctury (Kongo) haben Bonobos sogar kollektiv versucht zu verhindern, dass ein verstorbenes Mitglied ihrer Gruppe von den

Forschern aus dem Gehege genommen wurde. Der Evolutionsanthropologe Brian Hare von der Duke University (USA) beschreibt seine Beobachtung als „unglaublich bewegend". Doch auch Bonobos gelingt es wegen ihrer primateneigenen egoistischen *Grundeinstellung* nicht, anhaltende Familienkulturen aufzubauen. „Verhalten kopieren ja, Gelerntes gezielt weitervermitteln nein", scheint ihre Devise zu sein.

Das Kooperationsverhalten von Affen hat seine Grenzen. Letztlich geht es immer um den eigenen Vorteil. Am Great Ape Research Institute in Japan zeigten Schimpansen eine gewisse Bereitschaft, sich gegenseitig zu helfen, um an eine Futterquelle zu kommen. Sie halfen sogar Menschen und brachten ihnen einen Gegenstand zurück, den diese außerhalb ihrer Reichweite fallen gelassen hatten, ähnlich einem apportierenden Hund. Ließen die Menschen jedoch eine Banane fallen, dann war Schluss mit lustig.

Der Ethologe Wolfgang M. Schleidt und der Biologe Michael D. Shalter (2004) fassen die alte Primatenweisheit des Egoismus so zusammen: „Erst kommt das Fressen, dann kommt die Moral. Zuerst kommt das eigene Interesse, und wenn noch ein bisschen übrig bleibt, dann praktizieren wir Vetternwirtschaft." Einem Rheinländer ist ein solches Verhalten als „kölsche Klüngel" bekannt.

Wie oft regen wir verantwortungsbewussten Hundehalter uns auf, wenn wir auf manche egoistisch handelnde Hundemenschen treffen, deren antiautoritär „erzogene" Kinder oder „ausnahmslos positiv" trainierte Hunde unangenehm auffallen. Öffentliche Grünanlagen rücksichtsvoll miteinander teilen? Wozu? Stattdessen tönt es verharmlosend und egoistisch: „Das Anspringen meint er lieb, gebissen hat er noch nie." Na, das beruhigt doch ungemein!

Ist „Moral nach Gutdünken" repräsentativ? Wolfgang Schleidt und Michael Shalter (2004) teilen uns dazu ziemlich unverblümt mit: „Die hohen Moralvorstellungen, die wir als große Errungenschaft unserer Gattung ansehen, sind ein recht dünnes Furnier auf dem alten Affenholz, aus dem wir geschnitzt sind. Unsere Zeitungen sind voll von Berichten, die eher die Moral von Schimpansen als die von Menschen widerspiegeln." Nehmen wir nur als Beispiel die Banken mit ihren maßlosen Gehältern und Bonizahlungen oder die Ölunfälle von havarierenden Tankern. Unter dem fortwährenden Egoismus großer Konzerne müssen weite Bevölkerungsschichten leiden und dafür auch letztendlich noch bezahlen. Profit ja, aber die Risiken werden auf die Allgemeinheit verteilt. Soziale Verantwortung gibt es nicht mehr.

Die frohe Botschaft lautet: Natürlich unterscheidet sich der Mensch vom Schimpansen, wie der Ethologe Kurt Kotrschal im Rahmen des zweiten „Canine Science Forum" im Juli 2010 eine bereits vor 10 Jahren von D. Feddersen-Petersen veröffentlichte Argumentation nochmals bekräftigte: „Wir unterscheiden uns in dieser Hinsicht (Kooperationsfähigkeit) viel stärker von Schimpansen als von Wölfen. Überspitzt formuliert sind unsere nächsten Verwandten eher autistische Machiavellisten, während Wölfe sehr gruppenbezogen sind. Das ist wahrscheinlich der Grund, warum Wölfe und Menschen zusammengekommen sind."

Was bedeutet das für mich als Hundehalter?

Primaten zeigen durchaus Mitgefühl und Versöhnungsbereitschaft nach Konflikten, wenn es die Umstände erfordern, verhalten sich aber insgesamt sehr impulsiv und neigen innerhalb der eigenen sozialen Gruppe zu Gewalttätigkeiten. Der entscheidende evolutionäre Schritt hin zur Menschwerdung ist nach Meinung von Brian Hare nur gelungen, nachdem wir irgendwann gelernt haben, unsere Emotionen unter Kontrolle zu bringen. Leider kennen auch wir so manchen „fortgeschrittenen" Hundehalter, dem dies nicht gelingt. Mitgefühl, Unbeherrschtheit, falscher Stolz und Egoismus liegen nahe beieinander.

Um einem Hund zumindest in sozioemotionaler Hinsicht ein entspanntes Lebensumfeld zu bieten, sollten wir alle
- uns um emotionale Stabilität bemühen, indem wir möglichst viel Gelassenheit vorleben,
- den Hund *nicht* andauernd ignorieren, weil er dies als sozialen Gruppenausschluss betrachtet (Foto 1),
- auf sein „Fehlverhalten" *nicht* nachtragend reagieren, weil Kaniden das nicht verstehen,
- nach Streitigkeiten Versöhnungsbereitschaft zeigen (so wie es sogar Primaten tun, indem wir ihm aktiv Körperkontakt anbieten und ganz bewusst wieder eine freundliche Grundstimmung signalisieren, indem wir beispielsweise lächeln (Foto 2).

Wolfsmutter „Faith" (Mitte) als Idolfigur für ihren sechs Monate alten Nachwuchs

Warum ist der Wolf für uns Hundehalter so wichtig?

Innerhalb der Überfamilie der Hundeartigen (*Canoidea*) stechen das uneigennützige, familienfreundliche Sozialverhalten des Afrikanischen Wildhundes (*Lycaon pictus* = „bunter Hund") sowie des Asiatischen Rothundes (*Cuon alpinus*) besonders heraus. Innerhalb der direkten Vertreter der Hunde-Familie (*Canidae*) gelten Grauwolf (*Canis lupus*) und Äthiopischer Wolf (*Canis lupus simensis*) als die kooperativsten Kaniden. Wir werden oft gefragt, ob es auch egoistische Kaniden gibt. Dies kann man natürlich bejahen, es entspricht aber nicht der Norm. Wer so wie wir seit zwanzig Jahren das im Allgemeinen von gegenseitiger Rücksichtnahme und Fürsorge geprägte Familienleben von Timberwölfen mit eigenen Augen sieht, weiß um deren sozioemotionale *Grundeinstellung*. Risiken werden gerecht verteilt. Beispielsweise übernehmen besonders geduldige und welpentolerante „Kinderbetreuer" ganz selbstverständlich den Job als Babysitter.

Die Konzentration auf sozialkompetentes Kooperationsverhalten hat Methode, wie Paul Paquet in meinem [Bloch] 2009 mit Peter Dettling veröffentlichten Buch „Auge in Auge mit dem Wolf" explizit hervorgehoben hat: „Welpen wurden unter den traditionellen und kulturellen Umweltbedingungen ihrer Eltern aufgezogen und ahmten deren Verhaltensmuster nach. Zusätzlich wurde dokumentiert, dass dominante Wölfe nicht immer als Erste an der erlegten Beute fraßen, sondern häufig jüngeren und untergeordneten Mitgliedern den Vortritt ließen."

Der Biologe Dan MacNulty (2009) sieht den „Rentenplan" von Wolfseltern so: Stell sicher, dass du mit zwei bis drei Jahre alten Rudelmitgliedern eng zusammenlebst und es möglichst viele Welpen gibt. Das ist wichtig, weil die physische Jagdfähigkeit von Wölfen ab einem Alter von zwei Jahren stetig abnimmt. Zwar bringen Alttiere bei der Jagd viel Erfahrung und Weisheit ein, dennoch brauchen sie jüngere Tiere als Jagdgehilfen und setzen sie auch bewusst als solche ein. Bei Wölfen, die älter als drei Jahre sind, sinkt die Tötungsrate um zehn bis fünfzehn Prozent. Daher liegt das Erfolgsrezept des Wolfes vor allem in der hohen Kunst, das Gemeinwohl der Familie auch in schwierigen Lebenslagen im Blick zu behalten. Die „Chefetage", die – wie wir immer wieder betonen – aus einer weiblichen *und* einer männlichen Führungspersönlichkeit besteht, besticht durch Ausstrahlung. Wolfseltern fördern einzigartige Talente und unterdrücken sie nicht.

In unserem Studiengebiet sind in 50% aller Wolfsfamilien Leitweibchen die Hauptentscheidungsträger. Hier: Faith (vorne) gibt die Wanderrichtung vor.

Feldnotizen

Günther Bloch, Banff

Im kanadischen Banff-Nationalpark genießen wir seit vielen Jahren das große Privileg, jede Kleinigkeit des Sozialverhaltens von charismatischen Leitweibchen im Zusammenspiel mit ihren Lebenspartnern aufmerksam beobachten und kontinuierlich dokumentieren zu können. Starke Persönlichkeiten wie „Betty", „Kashtin" oder „Delinda" sind vor allem unseren treuen Wolfspaten garantiert noch bestens in Erinnerung. Die vielen eigenen Erfahrungen mit diesen Chefinnen verleiten uns zu der Annahme, dass „Frauen-Power" und sozial organisatorische Vielschichtigkeit in Wolfsfamilien schon seit Urzeiten existierten. Interessanterweise besteht der Zusammenschluss von Leittieren unabhängig des Geschlechts fast ausnahmslos aus einem extrovertierten und einem introvertierten Individuum.

Elli Radinger, Yellowstone

Doug Smith (2011), der Leiter des Yellowstone Wolfsprojekts bemerkte einmal sehr treffend: „Für den Ruhm (von Wolfsdynastien) sind gewisse charismatische Persönlichkeiten wichtig." Dies gilt aber auch für sogenannte „Gehegewölfe", wie der ruhige, humorvolle Leitrüde „Mischa" von der Uni Kiel oder der gelassene Leitwolf „Imbo" von Wolf Park ihren Beobachtern lange Jahre eindrucksvoll demonstrierten. Große Dynastien gibt es überall. Meist sind es Familien, deren Charaktere und Persönlichkeiten schon immer über Generationen beeindruckt haben. Besonders beeindruckt hat mich in den letzten Jahren die Leitwölfin der Lamar-Wölfe: „06" (ihr Name ist ihr Geburtsjahr). Die selbstbewusste Wölfin hat eine Ausstrahlung, der sich niemand entziehen kann. Bei den Lamars ist es definitiv die Chefin, die alles alleine macht. Sie jagt alleine und tötet auch selbstständig große Hirsche. In meinem autobiografischen Buch „Wolfsküsse" schildere ich, wie sie alleine einen großen Wapitihirsch erlegt, während die Herren der Wolfsfamilie zuschauen.

Was bedeutet das für mich als Hundehalter?

Jeder Hundehalter, der bewusst oder unbewusst dazu tendiert, sich wie ein Primate zu verhalten, sollte bedenken, dass die Despoten in Kanidenkreisen unbeliebt sind. Denn Wissen ist Macht, nicht Muskelkraft (Bloch 2004). Männliche und weibliche Autoritäten werden langfristig nur anerkannt, solange sie ein sozial überzeugendes Gesamtkonzept vorleben. Unsere bisherige Erfahrung aus der Wolfsforschung ist, dass Leittiere – die wir ja alle sein wollen – viele verschiedene Disziplinen beherrschen müssen, die wir Hundehalter ebenso übernehmen können.

Dazu zählen
– ein aktives Interesse am sozialen Miteinander (auch gegenüber unseren untergeordneten Hunden), das zur Förderung der Gruppenbindung wichtig ist (Foto 1),

– mentale Stärke beider „Elterntiere" zur Durchsetzung einer behutsamen Integration des Hundes, damit soziale Beziehungen etabliert und stabilisiert werden,

– Toleranz und Akzeptanz gegenüber den individuellen Fähigkeiten und Eigenschaften jedes einzelnen Gruppenmitgliedes (Foto 2).

Zur besonderen Eigenschaft der Retrieverrasse gehört es, dass sie Beute apportieren und zudem durch gezieltes Training lernen, nicht damit abzuhauen.

Mensch traf Wolf! Ko-Evolution zweier „Kooperationstiere"

Wenn wir heutzutage mit unseren Hunden zusammenarbeiten, wissen die wenigsten, dass diese Kooperationseigenschaft, die der Hund mitbringt, vom Wolf kommt. Wie kooperativ war der frühzeitliche Mensch eigentlich? Dorit Feddersen-Petersen (2004) stellt die berechtigte Gegenfrage: „Was ist nun unser Wissen um die Veränderung der Sozialität der Hominiden? Das soziale Organisationsmuster des Menschen ist ungewöhnlich, die Homo-sapiens-spezifische Gehirnentwicklung wurde ursächlich mit der Evolution der Sozialität des Menschen in Verbindung gebracht, basierend auf der Annahme, dass die Intelligenz der Primaten ganz allgemein eine soziale Funktion hat."

Was aber bedeutet hier „allgemein"? Wie „fortschrittlich" war *Homo sapiens* im Hinblick auf *kollektive* und *sozioemotionale* Intelligenz? Wie kooperativ und sozialethisch „fair" handelte er in seinen eigenen Reihen? Entsprachen ethische Sitten und Gebräuche damals bereits einer Art „Norm"?

Wie bereits dargelegt, war in der Evolution die geistige und soziale Entwicklung vom einfachen *Homo erectus* zum *Homo sapiens* ein enormer Sprung. Wie wir wissen, war der frühzeitliche Mensch neugierig, kreativ, innovativ, wie auch heute die Schimpansen. So beobachtete beispielsweise Jill Pruetz, eine Biologische Anthropologin von der Iowa State University (USA), bei ihren Freilandstudien in Fongoli (Senegal), wie die Schimpansen größere Äste von Bäumen abbrachen, um daraus ganz gezielt Speere herzustellen. Dabei berechneten sie genau die Länge, die sie brauchten, um ein Buschbaby zu töten, das sich in einer Baumhöhle verbarg.

Eines steht fest: Die Urmenschen hatten reichlich Gelegenheit, genau hinzuschauen, was wir heute bei unseren Wolfsstudien oft sehen: Wölfe, die Empathie ausdrücken, indem sie kranke und verletzte Gruppenmitglieder *unterstützen*, uneigennützig mit Futter versorgen, bis zur Selbstaufopferung alle *zusammen* Welpen aufziehen und sich in schlechten Zeiten kollektiv aus Nahrungsbunkern ernähren.

„Fair Play" in der Wolfswelt

Wir Wolfsbeobachter können uns nicht vorstellen, dass das emotionsbetonte Sozialspiel der Wölfe den früheren Menschen entgangen sein soll. Wir sehen ständig, dass Hundeartige auf hohem „ethisch-moralischem Niveau" interagieren und spielen, indem sie soziale Rollen einüben, Rollen tauschen und „Fair Play" praktizieren.

Marc Bekoff (2001) war der erste Ethologe, der das ausgefeilte Sozialsystem von Kaniden schon vor Jahren mit Begriffen wie „Kooperation, Fairness, Vertrauen und der Evolution von Moral" verknüpfte. Und auch Dorit Feddersen-Petersen (2004) attestiert Wolf und Hund Grundeigenschaften wie die Fähigkeit zu „moralanalogem Verhalten".

Alles Blödsinn? Klar – in manchen Kreisen erklärt man uns für verrückt, weil wir es wagen, Ethik und Moral in die Nähe von Kaniden zu rücken. Wie gut, dass unser gemeinsamer Freund Dr. Paul Paquet uns immer wieder ermuntert, genau das weiterhin unbeirrt zu tun. Danke Paul!

Die „ethisch-moralischen Verhaltenskulturen", die wir heute bei Wolfsgesellschaften dokumentieren können, basieren auf einem sehr bewährten, Hunderttausende Jahre alten Sozialsystem. Ist „familiäre Sozialethik" vielleicht sogar eine *Erfindung* des Wolfes? Basiert die kooperative Gruppenkultur des frühen Menschen gar auf wölfischen Wurzeln, wie Wolfgang Schleidt und im größeren Zusammenhang mit der menschlichen Kultur sein Kollege Erhard Oeser (2001) spekulieren?

Wer verfügte während der letzten Eiszeit wohl über mehr Detailwissen in Bezug auf *Lebensraumintelligenz* – Wolf oder Mensch? Der Wolfsbestand war garantiert wesentlich höher als heute, die Verbreitung von Rentieren, wilden Pferden und Antilopen enorm. Die straff organisierten „Hirtenwolf-Clans" jener Zeit beherrschten alle nur erdenklichen „Tricks" einer koordinierten Zusammenarbeit bei der Jagd auf große Beutetiere in Perfektion. Auch wenn heutige Wölfe geografisch zum Teil sehr eingegrenzt leben, so verfügen viele von ihnen nach wie vor über die ausgefeilte Jagdtechnik des „Herden-Hütens" und Selektierens von Karibus, Hirschen, ja sogar Bisons.

Um sich dem damaligen Beutejäger Wolf „geistig" überlegen fühlen zu können, hätte der Urmensch mit sämtlichen Details von Herdenverteidigung und Fluchtverhaltensstrategien der Beutetiere vertraut sein müssen. Diese Vorstellung erscheint uns mehr

Um „Fair-Play" zu lernen, ist auch die Vermittlung von Abbruchsignalen unerlässlich. Hier: Blizzard (links) fixiert Jungwölfin Kimi, die ihrerseits das Recht zum Protest durch Zähneblecken in Anspruch nimmt.

Feldnotizen

Günther Bloch, Northwest Territories
Bei meinen eigenen Verhaltensbeobachtungen an Tundrawölfen in den Northwest-Territories konnte ich nicht nur strategisch perfekte Jagdangriffe auf Karibus sehen, sondern durfte als Augenzeuge sogar mehrmals verfolgen, wie Wolfsindividuen unterschiedlicher Gruppenzugehörigkeit gemeinsam ein gerissenes Karibu fraßen. Hier im Norden trifft Vergangenheit auf Gegenwart. Hätten Hundehalter einmal Gelegenheit, das nomadische Leben von Tundrawolf und Karibu mitzuverfolgen, könnten sie anschließend gut nachempfinden, wie sich wohl ein Urmensch gefühlt haben mag, als er deren Jagdstrategien oder Begrüßungs- und Spielrituale sah.

Elli Radinger, Yellowstone
Ein Beispiel großartiger Kooperation innerhalb einer Wolfsfamilie während der Jagd beobachtete ich bei der Lamar-Leitwölfin im Winter 2011. Entgegen ihrer üblichen Praxis schloss sie diesmal den Rest ihrer Familie und auch die Jungschnösel in die Jagdtaktik ein: Während der Leitwolf vorn den Hirsch ablenkte, griffen die Leitwölfin und ihr Nachwuchs von hinten an und schwächten ihre Beute lange genug, bis der Leitwolf ihn schließlich töten konnte. So lernten auch schon die Jungschnösel die hohe Kunst der Kooperation.

als abenteuerlich. Warum also nicht die wichtigsten Elemente der wölfischen Gemeinschaftsjagd ganz einfach erfolgreich kopieren? Darüber hinaus vergraben und verstecken Wölfe üblicherweise Beutestücke, um sie später zu fressen. Diese Eigenschaft können wir für den Urmenschen kaum als selbstverständlich voraussetzen. Den meisten Hundehaltern ist sicherlich nicht bekannt, dass Primaten nach einhelliger Expertenmeinung keinerlei Futtervorräte anlegen. Affen bevorzugen es, von der Hand in den Mund zu leben.

Während der Mensch sich vermutlich den Wolf auch in Sachen „kultiviertes Familienleben" zum Vorbild nahm, lernten andererseits zu dreiste Wölfe rasch, dass es besser ist, von Zweibeinern keine Nahrung zu stehlen. Diese waren schließlich bewaffnet und hatten im Gegensatz zu Schimpansen gelernt, Speere als Distanzwaffe zu gebrauchen, um andere Tierarten zu töten.

Sollten wir Hundehalter nicht nach Abwägung aller Argumente viel eher davon ausgehen, dass eine auf Gegenseitigkeit beruhende Lern- und Verhaltensentwicklung, ja sogar eine Art übergreifender symbiotischer Beziehungsaufbau, stattgefunden hat? So sind beispielsweise Schleidt und Shalter (2004) der Auffassung, dass „die ersten Kontakte zwischen Wölfen und Menschen wirklich wechselseitigen Charakter hatten und die bei beiden folgenden Entwicklungen als Prozess einer Ko-Evolution zu verstehen sind. Der Ethos des Wolfes mag den unseren genauso oder stärker beeinflusst haben, wie wir den Wolf in Hinblick auf seine Allgemeinerscheinung und sein Verhalten veränderten."

Ko-Evolution zweier Kooperationstiere

Was bedeutet das für mich als Hundehalter?

Aus dem bisher Dargelegten ist es nur logisch, dass wir auch heute weiterhin *voneinander* lernen. Hunde sind ihrerseits dazu bereit. Jetzt liegt es an uns allen, von Kaniden lernen zu *wollen*. Leider lasen wir vor kurzem mit großem Bedauern die bizarre Erklärung: „Da ich ein Mensch bin, der die Hundesprache nie kapiert, muss der halt lernen, nur mich zu beachten." Hund beobachtet Affe, oder wie? Einer solchen, glücklicherweise unter Hundehaltern nicht pauschal verbreiteten, überzogenen Ich-Bezogenheit sollten wir alle entgegentreten! Wenn jemand ein Problem damit hat, sich auf das Ausdrucksverhalten von Hunden bewusst einzulassen, wäre es dann nicht an der Zeit, das zu ändern? Hier einige konstruktive Vorschläge:

– Am vernünftigsten ist es, Zeit zu investieren, um das Ausdrucksverhalten des Hundes durch Videokamera oder Ähnliches besser zu entschlüsseln. So kann jeder Hundehalter am Beispiel seiner vierbeinigen Darsteller sehr leicht lernen, wie man sich als Sozialkumpan Mensch körpersprachlich selbst in die Beziehung mit seinem Hund einbringen kann (Foto 1).

– Das Ziel aller Hundehalter ist es, sich zumindest ein wenig in den Hund hineinzuversetzen. Machen Sie nicht den Fehler, jedes kleine Augenblinzeln sofort interpretieren zu wollen, sondern achten Sie lieber auf seine Körpersprache als Ganzes und in der jeweiligen Situation.

– Einig sind wir uns wohl alle darüber, dass wenn der Hund in Spiellaune Kontakt sucht, wir darauf eingehen. So lernen wir, artübergreifende Grenzen zu überwinden und uns dabei möglichst authentisch zu verhalten. Steward Brown (2008) führt aus, dass Mensch und Hund im gemeinsamen Spiel ein Zusammengehörigkeitsgefühl entwickeln. Allerdings heißt nicht jede Kontaktaufnahme, dass wir ihm von morgens bis abends jeden Wunsch von den Lefzen ablesen müssen (Foto 2).

Mensch, Wolf & Rabe – eine zwischenartliche Beziehung

Wenn es um soziale und emotionale Nähe geht, dann ist die Mensch-Hund-Beziehung gewiss einzigartig. Die Domestikation des Wolfes und die Hundezucht unter der Regie des Menschen ist schon von besonderer Qualität. Einmalig ist das langfristige Zusammenleben von unterschiedlichen Spezies dagegen nicht. Wolf und Rabe haben sich schon seit ewigen Zeiten zu Langzeit-Symbiosen und „sozialen Mischgruppen" zusammengeschlossen. Der Rabenforscher Bernd Heinrich (2010) liefert uns die Argumente: „Wolf und Rabe haben sich in Millionen von Jahren zusammen entwickelt. Das Bedürfnis nach Nähe zum Wolf ist eventuell bereits genetisch fixiert." Und wie kam dieser wechselseitige „Gen-Austausch" zustande?

Beide Spezies waren intelligent genug, den beiderseitigen Nutzen zu erkennen. Die vitalen „Jaaa-Huaa-Futterrufe" von Raben könnten ursprünglich reine Frustrationsrufe gewesen sein, weil sie alleine keinen Kadaver öffnen können. Dann kam zufällig ein Wolf vorbei und hat gelernt: Dieser Ruf bedeutet, Raben haben einen Kadaver entdeckt. Der Rabe wiederum begriff: Wenn ich weiterrufe, kommt ein Wolf und hilft mir (Heinrich 1991). Tote Huftiere wirken auf Wolf und Rabe wie ein Magnet. Spezielle „Kek-kek-kek-Rufe", die Rabenclans zur gegenseitigen Warnung vor Gefahren dienen, weiß jeder Wolf genau zu interpretieren. Klüger kann man gegenseitiges Verständnis kaum lösen. Der Biologe Daniel Stahler (2002) sagt dazu: „Die Zuneigung zwischen den beiden Spezies wurde nicht nur an toten Beutetieren beobachtet, wo Raben einige Wölfe am Schwanz zogen, sondern auch an Wolfsbauten, wo Raben und Welpen interagierten."

Auch heute kommt es häufig vor, dass „Wolfsvögel", wie wir Freilandforscher sie nennen, in unmittelbarer Nähe zu Wolfsbauten ihre Nester zimmern. Von hier aus beginnen alle Raben und Wolfswelpen einen Sozialisationsprozess, der in lang währenden Beziehungen mündet (Bloch & Paquet 2011). Bernd Heinrich (1999) beschreibt Raben als „eine Art Haustier für Wölfe, die gemeinsam zur Jagd aufbrechen, interagieren und testen, was sie sich erlauben können. Zwischen Wolf und Rabe entstehen sehr vertraute Beziehungen".

Einer der uns persönlich bekannten Raben, der mit den „Pipestone-Wölfen" lebt.

Eine zwischenartliche Beziehung | 33

Günther Bloch interagiert mit einem aufmerksamen Kolkraben (oben), bzw. einem extrem neugierigen Grauhäher (unten) und baut so schnell Vertrauen auf.

Affen, Kaniden und Rabenvögel

Westkanadische Ureinwohner bezeichnen Raben im Zusammenhang mit Canis lupus noch heute als „die Augen der Wölfe".

Der Begriff „Haustiere der Wölfe" ist hier jedoch im übertragenen Sinn gemeint (Haus = Höhlenkomplex), denn Wolf und Rabe sind nach wie vor Wildtiere, die keine Domestikationsmerkmale zeigen. Dass jedoch dieses „zwischenartliche Rohmodell" der *ersten* wahren „Teamplayer" auf Gottes Erde dem „Naturburschen Urmensch" nicht aufgefallen sein soll, ist merkwürdig!

Beobachten, Lernen, Schlüsse ziehen! So in etwa muss nach unserer Vorstellung ein gegenseitiges Kennenlernen von Mensch, Wolf und Rabe vonstatten gegangen sein. Aufgrund harter Lebensumstände handelte es sich bei *Homo erectus* oder auch *Homo neanderthalensis* zwangsläufig um naturnahe Beobachter. Wie man kommunikative Grundregeln signalisiert, konnte dem Urmenschen, dessen Nahrung unter anderem auch aus Aas bestand, keiner besser demonstrieren als Wolf und Rabe. Doch jede gezielte Suche nach Wölfen, deren Beuterisse oder Höhlenkomplexe sind mit der Notwendigkeit verbunden, alle Rabenaktivitäten genau zu verfolgen. Deshalb sind wir Wolfsforscher, die gelernt haben, das Sozialisationsprinzip dieser beiden ungleichen Arten zu entschlüsseln, davon überzeugt, dass es Raben waren, die zuerst den Menschen auf den Wolf aufmerksam gemacht haben. Denn auch wir Tierbeobachter mussten als Erstes lernen: Wenn du Wölfe finden willst, schau in den Himmel.

Wir [Bloch] erinnern uns sehr gut an zwei Rabenküken, die aus einem Nest gefallen waren. Wir ließen sie damals einfach in Ruhe, weil ihre Mutter sie prima versorgte. Eine ähnliche Ausgangslage könnte den Urmenschen durchaus dazu bewegt haben, einige Rabenkinder mit der Hand aufzuziehen, um sie anschließend als willkomme Wächter zu seinem eigenen Nutzen einzusetzen. Dass die Beziehung Mensch-Rabe sehr innig sein kann, beschrieb Konrad Lorenz schon 1964: „Wenn ich auf einem Spaziergang den sonoren Ruf des Raben höre und auf meinen antwortenden Ruf der große Vogel hoch droben am Himmel die Flügel einzieht, in sausendem Fall niederstürzt, mit kurzem Aufbrausen abbremst und in schwereloser Zartheit auf meiner Schulter landet, so wiegt dies sämtliche zerrissene Bücher und leergefressene Enteneier auf, die der Rabe auf dem Gewissen hat." Sein Rabe war übrigens mit Hunden bestens vertraut.

Nach einer Jahrtausende alten Sage soll der nordische Kriegsgott Odin stets von seinen beiden Raben Hugin und Munin sowie

Eine zwischenartliche Beziehung | 35

von seinen Wölfen Geri und Freki begleitet worden sein. Fußt die Dreiecksbeziehung der „Kooperationstiere" Mensch-Wolf-Rabe etwa nur auf nordischer Mythologie? Ganz und gar nicht! Ureinwohner der kanadischen Westküste, die heute noch in einen Wolfs- oder Rabenclan hineingeboren werden, sehen die schwarzen Vögel als *fundamentalen Bestandteil menschlicher Kultur* (siehe Foto links).

In Bezug auf Intelligenz gilt die Weisheit: „Wenn man Menschen Federn und Flügel verleihen würde, wären nur ganz wenige von ihnen so clever wie Rabe oder Krähe." Hier ein Beispiel aus deren Repertoire für *technische* Intelligenz: Malaiische Krähen fertigen aus Blättern maßgeschneiderte Werkzeuge verschiedener Formen und Größen, um damit kleine oder fette Maden aus Astlöchern zu stochern. Die dort im Dschungel beheimateten Ureinwohner geben dieses Wissen seit Generationen an ihre Kinder und Enkelkinder weiter.

Dieses uralte, traditionell überlieferte Gedankengut von *naturverwurzelten* Menschen ist es, was uns und hoffentlich auch andere Hundehalter von einer frühen Ko-Evolution mit Wolf *und* Rabenvögeln (*Corvidae*) überzeugen sollte. Denn eines sollten wir uns alle vor Augen halten: Langzeitsymbiosen erfordern Durchhaltewillen. Neugierde ist die Basis für Kreativität. Mensch, Wolf und Rabe lernten bestimmt wechselseitig eine Menge *voneinander*.

Dorit Feddersen-Petersen fasst dieses Thema so zusammen: „Und das Ganze geht weiter, die Evolution bewertet uns und unser Tun."

Wir richten uns vertrauensvoll nach Timber, der uns die Wölfe zielgenau aus dem Auto heraus anzeigt und fasziniert Kontakt zu ihnen aufbaut (siehe Feldnotizen S. 36).

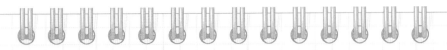

Feldnotizen

Günther Bloch, Banff

Unser Laika-Rüde Timber ist nach Chinook und Jasper der dritte „Wolfssuchbegleithund", mit dem wir gemeinsam Pfotenabdrücke, Kothaufen und Urinmarkierungen „erjagen". Außerdem haben alle unsere Hunde gelernt, jede Wolfssichtung zu melden. Neuerdings geht Timber einen entscheidenden Schritt weiter, indem er uns Raben geradezu enthusiastisch anzeigt. Hier in Banff wollen uns Wolf, Rabe und der ebenfalls hoch soziale Grauhäher (Persioreus canadensis) ganz unvoreingenommen kennenlernen. Dies zumindest so lange, wie wir uns geduldig und vertrauenserweckend verhalten. Diesen realitätsnahen Wechsel zwischen Annäherung und Abstandhalten, den wir selbst heute noch hautnah miterleben dürfen, kann dem einst naturnahen Menschen nicht entgangen sein, als er von diesen Spezies neugierig beäugt wurde.

Elli Radinger, Yellowstone

Bei allem Wissen über Raben und Wölfe gibt es immer noch Geschehnisse, die man nicht erklären kann. Die Lamar-Wölfe hatten gefressen, lagen entspannt im Schnee und sonnten sich. Plötzlich bemerkte ich einen toten Raben zwischen den Pfoten einer Wölfin. Als die Gruppe aufbrach, lief die Wölfin mit dem Vogel zum Fluss und legte ihn auf ein Stück Eis. Als der Rabe langsam ins Wasser rutschte, schaute sie ihm hinterher, legte den Kopf schief, und tauchte dann zu meiner Überraschung kopfüber in das Wasser ein. Mit dem Raben im Maul tauchte sie wieder auf. Was nun? Offensichtlich wollte sie nicht, dass die anderen Familienmitglieder ihn fanden, und suchte nach einem Versteck. Sie fand eine kleine Schneehöhle. Sehr sorgfältig, bedachtsam und fast zärtlich legte sie den Raben in die Höhle und schob mit der Nase den Schnee vor die Öffnung. Und schon war sie fort zum Rest der Familie. Für mich sah das alles aus, als würde sie einen „Freund" beerdigen.

Eine zwischenartliche Beziehung | 37

Was bedeutet das für mich als Hundehalter?

– Wir persönlich glauben, dass die gemeinsame Geschichte von Rabe und Wolf den Wolf möglicherweise toleranter gemacht hat, indem sie in ihm die Kooperationsfähigkeit zum Zusammenleben mit einer fremden Art herausgebildet hat. Sollte diese Grundeigenschaft beim Wolf tatsächlich genetisch fixiert sein, so trägt der Haushund das Erbe zum Zusammenleben mit anderen Arten bereits in sich. Dieses intuitive Sozialverständnis ist ein Beleg für das sprichwörtliche „Faible" des Hundes zur zwischenartlichen Beziehungs-bereitschaft, beispielsweise mit Papagei, Katze oder auch Mensch.

– Hundehalter stehen oft ratlos vor der immer wiederkehrenden nervenden Frage von Nichthundehaltern, was wir denn eigentlich so toll an Hunden finden. „Was bringt euch das?"

Hier unsere scherzhafte Antwort auf diese für uns unverständliche Frage: Wir sind der Überzeugung, dass wir Hundehalter geistig höher entwickelt sind als Nichthundehalter und erklären uns daher zum „*Homo canis familiaris*". Auf unseren Seminaren wird diese Argumentation von den Teilnehmern im Anschluss an das Seminar meist sofort auf der Hundewiese begeistert umgesetzt.

Hunde und Katzen vertragen sich in der Norm sehr gut, wenn sie zusammen sozialisiert werden.

MENSCHEN UND FRÜHE WOLFSHUNDE

Die Domestikation des Haushundes

Wann und wo könnte der Hund entstanden sein?

Die Entstehungsgeschichte des Hundes ist durchaus vergleichbar mit dem Wahlspruch von Toyota: „Nichts ist unmöglich." Je nachdem, wen man fragt (Ethologen, Morphologen, Paläontologen, Archäozoologen, Evolutionsanthropologen oder Genetiker), bekommt man unterschiedliche Antworten.

Aktuelle genetische Studien, wie die von Abigail Shearin & Elaine Ostrander (2010) lassen Rückschlüsse auf „mehrere Rückkreuzungsgegebenheiten" zu, die sich zwischen domestizierten Hunden und wilden Wölfen vor 15.000 bis 100.000 Jahren ereigneten. Letztere Zahl sehen wir ein wenig skeptisch. Denn wenn die Abspaltung des Hundes vom Wolf schon vor so langer Zeit stattgefunden hat, müssten bereits *Homo erectus* und *Homo neanderthalensis* mit Hunden gelebt haben, und nicht erst der neuzeitliche Mensch *Homo sapiens*. Aber wo?

Eine Arbeitsgruppe um den schwedischen Genetiker Peter Savolainen (2002) kam zu dem Ergebnis, der Hund sei zuerst im ostasiatischen Raum entstanden und zwar vor etwa 15.000 Jahren. Schnee von gestern? Eine neue DNA-Vergleichsstudie von Bridget vonHoldt (2010) an 900 Hunden aus 85 Rassen mit 200 wilden Wölfen skizziert dagegen drei „Urhundepopulationen": eine sehr geringe aus Europa, eine kleinere aus China und die größte aus dem Mittleren Osten. Die große Zeitspanne von 15.000 bis 100.000 Jahren erklärt Dorit Feddersen-Petersen (2004) so: „Die enorme Diskrepanz zwischen *Canis lupus L.* und der Hausform *Canis lupus f. familiaris* lässt die Frage nach der Genauigkeit der populationsgenetischen (mtDNA) Auswerteverfahren in Untersuchungen an domestizierten Arten aufkommen." Na ja, eine Diskrepanz von „schlappen" 85.000 Jahren ist eher das Gegenteil von genau.

Schaut man nun auf Fossilien, Skelette, Schädel oder Knochenfunde, dann erkennt man „echte" Hunde im Allgemeinen an ihrer meist geringen Körpergröße und einem kleineren, verkürzten Schädel mit Rundungen, Wölfe dagegen an ihrem flachen Schädel. Da frühere Urhunde jedoch vermutlich sehr „wolfsähnlich" aussahen, ist es naturgemäß schwierig, beispielsweise Skelett und Schädel eines nordischen „Inuit dog" von einem Wolf eindeutig zu unter-

Basenjis verhalten sich im wölfischen Sinne noch sehr ursprünglich.

scheiden. Eine sensationelle Entdeckung machte kürzlich die Evolutionsbiologin Crockford. Im Sibirischen Altai fand sie einen gut erhaltenen 33.000 Jahre alten Kanidenschädel mit einigen frühen Anzeichen von Domestikation: Die Schnauze entspricht von der Länge her einem Grönlandhund vor tausend Jahren, während die Zähne des Tieres eher den 31.000 Jahre alten europäischen Wölfen ähneln. Sozusagen gleich nebenan, in einem Doppelgrab in Oberkassel bei Bonn, fand man einen ca. 14.000 Jahre alten Hundekiefer. In Israel liegen 12.000 Jahre alte, in Nordamerika ca. 10.000 Jahre alte Knochen.

Gemessen an der Vielzahl ähnlich alter Nachweise sind die Überlegungen der Zoologen W. Herre & M. Röhrs (1990) von möglichen „Parallel-Domestikationen weltweit" wieder hochaktuell. Frühe gemeinsame Bestattungen gelten vielen Wissenschaftlern als Belege für eine vorrangige Bedeutung von Hunden für Menschen und für eine besondere sozioemotionale Beziehung zwischen ihnen. Für andere, wie den bereits zitierten, in vielerlei Hinsicht sehr konservativen Morphologen W. Herre, wäre eine solche Vermutung zu spekulativ und unwissenschaftlich gewesen.

Felsenmalereien im nordafrikanischen Tadrart ließen Spekulationen aufkommen, der Vorfahre des Basenji sei wahrscheinlich der Äthiopische Wolf (Canis lupus simensis). Faszinierend, wo es doch laut einiger „Experten" in Afrika gar keine Wölfe gibt. Andere favorisieren den Dingo (Canis lupus dingo), verschiedene Pariahundetypen (Canis familiaris pari) oder speziell den Schensi-Hund (Canis familiaris schensi) als

Wolfsähnlicher Hund als Transportgehilfe der „Buffalo Nations" im Luxton-Museum / Banff.

„wahren Prototyp" des Urhundes. Interessanterweise meint nun Melissa Gray (2009), dass vor allem kleinere Hunde am nahesten mit Wölfen aus dem Mittleren Osten verwandt seien. 12.000 Jahre alte Fossilienfunde aus dem Gebiet, das als Wiege der Landwirtschaft gilt, sollen Hinweise auf Siedlungen geben, in denen Menschen kleinere Hunde sogar in Höfen und im Haus hielten. Relativ zeitnah gab es weiterhin nomadisch lebende Menschen, die gegen Ende der letzten Eiszeit vor ca. 11.000 Jahren über die Beringstraße nach Nordamerika einwanderten. Bei deren Hunden, für die der Begriff „Hausstand" noch ein Fremdwort war und die häufig als „Wärmekissen" und Lastenzieher zum Einsatz kamen, muss es sich um extrem belastbare Tiere gehandelt haben. Besitzer nordischer Hundetypen, die ebenfalls ziemlich „natürlich" geblieben sind, wird das freuen.

Wenn Shira beim Lesen auf meinem Schoß liegt, interessieren mich keine Besitzansprüche (situationsbedingter Besitzanspruch).

Anscheinend gab es damals schon Hundeschläge sehr unterschiedlicher Größe, die man zumindest zum Teil einigermaßen abgeschirmt in Häusern hielt. Kleinere Hunde wurden bevorzugt. Dies wiederum scheint ein ultimativer Beweis dafür zu sein, seit wann und wo der Mensch erstmals mit „echten" Haushunden zusammengelebt hat. Vor Jahren meinte ein Schäferhundbesitzer zu mir [Bloch], „seine" Rasse wäre für ihre besondere Ausdauer bekannt, während kleine Hunde doch gar keine „richtigen" Hunde seien. Zwei Wandertage und rund fünfzig Kilometer später machten sowohl Herrchen wie Schäferhund schlapp. Derweil trabten unsere Dackelhündin und drei weitere Kleinhunde weiter fröhlich durch die Landschaft. Wir [Bloch] bekennen uns zu kleinen Hunden wegen ihrer Pfiffigkeit und nennen sie rasseübergreifend „Pepitos"!

Was bedeutet das für mich als Hundehalter?

Der Beginn der Liaison Mensch-Hund, die gemeinsam im Haus zusammenleben, basiert wahrscheinlich auf einer viel längeren Zeitspanne, als bisher angenommen. Um heutzutage vor allem im häuslichen Umfeld „atmosphärische Störungen" zu vermeiden, haben wir Hundehalter ja längst gelernt, die Rangbeziehung zu unseren Hunden regelmäßig zu überdenken. Somit ist klar, dass wir sie erzieherisch so beeinflussen, dass sie unsere menschliche Führungsrolle draußen wie drinnen anerkennen, insbesondere im Hinblick auf die *Zuteilung* von Ressourcen. Da wir ja alle echte Leitfiguren sein wollen, können wir auch *situationsbedingte* Besitzansprüche auf Ressourcen wie etwa Sofa oder Bett stellen, wann und so oft wir wollen (siehe S. 84).

Wie könnte der Hund entstanden sein?

Von der beliebten Idee, die symbioseartige Beziehung zwischen Mensch und Wolf ginge auf „das Auffinden verwaister Wolfswelpen" zurück, möchten wir hier Abstand nehmen. Im Sommer 1992 beobachtete ich [Bloch] eine rangtiefe Wölfin namens „Diane", die selbst Milch produzierte, um die Welpen ihrer zuvor verstorbenen Mutter aufzuziehen. Zufall?

Und warum sehen wir dann regelmäßig Wolfsväter, die mutterlose Welpen notfalls allein versorgen, und ansonsten Wolfskinder, denen jederzeit regelrechte „Sozialarbeiter" in Form von Babysitter/innen zur Verfügung stehen?

Geleitet von Raben

Wir glauben fest daran, dass der Urmensch, wie wir heutzutage auch, von Raben zu Bauten *intakter* Wolfsfamilien geleitet wurde. Dort sah er zuerst wölfischen Idealismus und „das, was wir poetisch als Herzlichkeit bezeichnen" (Schleidt 2001). Da wir um Wolfshöhlen herum noch nie angegriffen worden sind, muss auch der damalige Mensch schnell gelernt haben, dass sich wölfisches Alarmverhalten allenfalls auf Wuffen, Bellen und Heulen beschränkt. Deshalb kann man sich als Hundehalter auch gut vorstellen, wie leicht es war, Wolfsbabys aus reiner Neugierde ganz einfach aus Erdbauten zu entfernen, zumal diese „affenartig egoistische" Vorgehensweise noch heute aus Gründen der „Wolfskontrolle" in vielen Ländern Europas und in Russland praktiziert wird.

Im heimischen Lager angekommen, warteten neugierige Mütter mit ihren Kindern, die den Wolfswinzlingen schon aus rein emotionalen Gründen nicht widerstehen konnten. Liegt hier der Ursprung erster menschlicher Empathiebekundungen gegenüber der Art *Canis*? Es sieht fast so aus. In letzter Zeit wird häufig in den Medien berichtet, dass Wohlfühlmassagen das Gehirn in den für Stressbewältigung und für soziale Kompetenz zuständigen Bereichen fördern würden. So werde im Bereich des vorderen Stirnhirns die Bindungsstellen für das Vertrauens- und Bindungshormon Oxytocin vermehrt (siehe S. 140).

Sozialisation durch die Frauen

Wir stimmen dem Pionier Erik Zimen (2001) zu, dass es Frauen gewesen sein müssen, die zwei- und vierbeinige Babys fürsorglich zusammen aufzogen. Erik vermutete sogar, dass Menschenmütter Wolfswelpen gesäugt haben, denn Milch gab es ohne Haustiere nur bei ihnen. Nur so kann eine umsichtige Sozialisation spielerisch kommunizierender, voneinander lernender Wolfs- und Menschenkinder erfolgt sein, einschließlich erster *künstlicher Selektionsbemühungen*: Angstaggressive, „kinderunfreundliche" Welpen wurden getötet, zutrauliche Welpen behalten.

Ray und Lorna Coppinger (2002) sind hingegen der Auffassung, weniger scheue Wölfe hätten sich vor 8.000 bis 10.000 Jahren nach einem *natürlichen Ausleseprozess* dauerhaft um „urzeitliche Abfallhaufen" sesshafter Menschen angesiedelt. Komisch, wo doch heutige, auf dem halben Globus verteilte Wolfsfamilien trotz eines schlech-

Die „Pipestones" unterwegs auf einem ihrer traditionellen Wanderpfade. Die Hauptaufgabe von Leitrüden (3. Wolf von oben / querstehend und beobachtend) ist, Gefahren für die gesamte Gruppe frühzeitig zu erkennen und anzuzeigen.

teren Nahrungsangebotes als früher heimlich Abfälle stehlen, zielorientiert Campingplätze „inspizieren" und auf den Straßen unbeeindruckt einen Meter an Autos vorbeilaufen (Bloch & Gibeau 2010). Dennoch bleiben alle diese, auf eine menschendominierte Umwelt geprägten Wölfe als Kulturfolger des Menschen unabhängige, wilde Jäger. Außerdem verlassen die meisten ein bis drei Jahre alten Wölfe ihre Familie. Und ausgerechnet auf so ein wolfstypisches Abwanderungsverhalten sollen frühere Vertreter ihrer Art verzichtet haben? Da können wir uns schon besser Norbert Beneckes (1994) Argumentation vorstellen, der überzeugend von „ersten Wolfszähmungen vor circa 40.000 Jahren" spricht. Diese Ansicht deckt sich auch mit dem bereits erwähnten 33.000 Jahre alten Fund aus dem Altai Gebirge bzw. einem 31.000 Jahre alten „doggenähnlichen" Tier aus Belgien. Allerdings war der Mensch damals noch nicht in der Lage, die gezähmten und die wilden Wölfe voneinander zu trennen und so genetisch „rein" zu halten. So manches „Mischexemplar" wird ihm wohl entwischt sein, während die zahmsten sich mehr am Menschen orientierten.

Die Silberfüchse von Nowosibirsk

Legt man das „Nowosibirische Farmfuchs-Modell" (Á. Miklósi 2011) zugrunde, scheint der Mensch beim Versuch, gezähmte Wölfe später gezielt zu domestizieren, einfach nur Glück gehabt zu haben. Bei diesem Experiment selektierte man aus anfangs 130 Silberfüchsen die zutraulichsten Welpen eines jeden Wurfes heraus. Diese gezielt auf Zahmheit gezüchteten Füchse verhielten sich im Umgang mit Menschen sehr rasch kontaktfreudig und winselten sie an wie Hunde. Nach Ansicht der Farmleiterin Lyudmila Trut war die eigentliche Sensation, dass die Füchse bereits ab der achten Generation variable Fellfärbungen aufwiesen. Die Gliedmaßen und Schwänze wurden kürzer, und viele Füchse bekamen sogar Ringelruten oder Hängeohren. Demnach braucht der Mensch Wildkaniden „nur" auf Zutraulichkeit zu selektieren, und er bekommt als „riesiges Überraschungsei" eine Menge Veränderungen im Aussehen automatisch dazu.

Nicht weniger aufschlussreich sind die Ergebnisse aus einer Kontrollgruppe, die von Anfang an aus angstaggressiven Silberfüchsen bestand. Deren konsequente Wei-

Wolfsfarbener Laika im zielgerichteten Anpirschverhalten, das in der Norm völlig lautlos vonstatten geht.

terzucht ergab keinerlei Veränderungen in Aussehen und Verhalten. Während die ungezähmten Füchse *angstaggressiv blieben*, hatten die zahmen Füchse aufgrund ihres niedrigen Adrenalinspiegels weniger Angst und verhielten sich im Umgang mit Menschen deutlich weniger aggressiv.

Brian Hare (2010) fasst für uns Hundehalter das Wesentliche wie folgt zusammen: „Wenn du *gegen* Aggression selektierst, bevorzugst du jugendliche Eigenschaften. Du bekommst variabel aussehende Erwachsene, die sich wie Jugendliche verhalten. Aus dieser unter der Oberfläche versteckten Vielfalt entstanden dann irgendwann Hunde, die sich so veränderten, wie Menschen sie haben wollten." Dorit Feddersen-Petersen gibt allerdings zu bedenken: „Diese Hypothese stimmt nicht durchgängig und ist kein Formgesetz für Domestikation! Gegen Aggression wurde auch bei Rindern, Schweinen und anderen selektiert." Dennoch bin ich [Bloch] als Laika-Besitzer aber froh, dass irgendwer irgendwann entschieden hat, ein paar Hunde mit Ringelruten zusammenzustecken und konsequent weiter auf Zutraulichkeit zu züchten.

Als ich [Radinger] auf der Suche nach einem neuen Hund war, lautete mein Kriterium: ein freundlicher, entspannter Hund, der alles gemeinsam mit mir macht. Ich wählte schließlich einen Welpen (Labrador-Flatcoated-Mix) von einem Bauernhof in Dänemark. Eine Freundin hatte die Eltern des Tieres als „charakterfest, freundlich und absolut gelassen" beschrieben, die nichts aus der Ruhe bringen könne. Das waren die ausschlaggebenden Punkte für meine Wahl und nicht das – zugegeben entzückende – Aussehen des kleinen Welpen. Ich habe die Entscheidung für Shira nie bereut.

So interessant die Versuche in Russland und die Rückschlüsse auf eine spätere gezielte Hundezucht auch sein mögen, so groß sind unsere ethischen Bedenken zu der Art und Weise, wie die Füchse in Käfighaltung leben müssen. „Bei Menschen würde man wohl von Sklaverei reden", sagt Jörg Luy, Professor für Tierschutz und Tierverhalten an der FU Berlin, über die Bedingungen, unter denen Tiere in Deutschland gehalten werden. Diesen klugen Worten schließen wir uns an. Wir sind froh, dass es nach unserer Kenntnis kein derartiges Zuchtexperiment an Wölfen gibt – das vermutlich ohnehin zum gleichen Resultat führen würde.

Windhunde agieren als selbstständige Sicht- und Hetzjäger.

Was bedeutet das für mich als Hundehalter?

– Stressanfällige, ängstliche oder aggressive Mütter und Väter geben diese Eigenschaft auch an ihren Nachwuchs weiter. Daher ist es besonders wichtig, eine stabile, souveräne und mit den Welpen gut umgehende Mutterhündin zu haben (Gansloßer & Strodtbeck 2011). Ungeachtet dessen hören wir weiterhin Aussagen wie: „Meine Zuchthündin oder mein Deckrüde ist angstaggressiv, weil sie/er keine Männer (oder was auch immer) mag." Derartige Selbstbetrügereien, die angstaggressive Hundemütter *und* Väter verharmlosen, sind inakzeptabel. Wir fordern darum von allen Züchtern eine resolute Verhaltensselektion auf *umwelt-* und *sozialsichere* Hunde (Foto 1).

Bordeaux-Doggenhündin Mabel im entspannten Beobachtungsliegen am Strand.

– Kaufen Sie nirgendwo einen Welpen, dessen Mutter und deren Lebensumfeld Sie nicht kennen! Die alte Vorstellung, eine Welpenabgabe in der achten Woche sei ideal, gilt verhaltensbiologisch als überholt. J. Serpell (1995), U. Gansloßer (2007) oder Á. Miklósi (2011) empfehlen eine mehr rasseorientierte Welpenabgabe frühestens Ende der zehnten und spätestens Ende der zwölften Woche. Ursache dafür ist allerdings weniger die frühe Trennung von der Hundemama. Vielmehr scheinen es das frühe Verpflanzen des Welpen aus der gewohnten Umgebung und die Trennung von den Wurfgeschwistern zu sein, die oft nachteilige Auswirkungen haben (Fotos 2 und 3). Grundvoraussetzung ist jedoch, dass die Welpen gut sozialisiert und unter optimalen Aufzuchtbedingungen gehalten werden.

Shira mit ihren Wurfgeschwistern (Foto 2). Wenn sie heute ihre Brüder trifft, mit denen sie als Welpe wochenlang herumtobte, erkennt sie diese sofort wieder (Foto 3).

Die Explosion in der Hundezucht

Jeder Hundehalter kann sich gut vorstellen, dass sich die sensationelle Kunde vom Grundprinzip: „Selektion auf Zahmheit = Vielfalt in Größe und Aussehen" wie ein Lauffeuer verbreitet haben muss; dies beweist auch der veränderte Lebensstil und der kulturelle Strukturwandel derjenigen Menschen, die mit ihrem viel berühmten „Torfspitz" am Bodensee sesshaft wurden, einer Spitzform, die ausschließlich bei Pfahlbauten gefunden wurde und deutliche Zeichen von Domestikation zeigte. Wenngleich Kreuzungen mit Wölfen immer wieder vorkamen, kannte die Beliebtheit von Hunden spätestens im 8. Jahrhundert v. Chr. vor allem im Mittelmeerraum keine Grenzen mehr. Eine im algerischen Gebirge entdeckte Felszeichnung zeigt erstmals den Einsatz kräftiger Hundetypen im Krieg. Mastiffartige Wach- und Begleithunde wurden von Karthagern, Babyloniern, Griechen und den Ägyptern genutzt. Letztere züchteten schon 4.000 v. Chr. nicht nur Windhunde, sondern – zur Begeisterung aller Dackel-Fans – sogar kurzbeinige Hunde. Es sollen jedoch die Römer gewesen sein, die aus genetisch isolierten Teilpopulationen zum ersten Mal systematisch diverse Hunderassen züchteten.

Zwei Akita Inu Rüden beim wichtigen und alternativlosen Einüben von ritualisierter Kommunikation

Laut B. vonHoldt (2010) weichen die von ihr als „uralte Rassen" (älter als 500 Jahre) definierten Hundeschläge genetisch von „modernen Rassen" stark ab. Erstere stammen primär von Grauwölfen aus dem Mittleren Osten ab, einige direkt von chinesischen oder europäischen Wölfen, bzw. aus Kreuzungen lokaler Wolfsbestände.

Dazu gehören: Basenji, Afghane, Saluki, Kanaanhund, Neu Guinea Hund, Dingo, Chow Chow, Shar Pei, Akita, Alaskan Malamute, Sibirischer Husky, Samojede und American Eskimo Dog.

Von welchem Wolfstyp stammt „Ihr" Hund ab?

Achtzig Prozent der „modernen Rassen", die strikt auf „Reinheit" gezüchtet wurden, entstanden im Viktorianischen Zeitalter (etwa 1830 bis 1900). Diese Erkenntnis erstaunt, wenn man bedenkt, dass Verpaarungen zwischen Wolf und Hund noch heute zugelassen werden, was unserer Auffassung nach ein Rückschritt in der Domestikation bedeutet. Darum lehnen wir die „Zucht" von Wolfshybriden ab, so schön sie auch aussehen mögen. Im Übrigen verweisen wir auf Tschechoslowakische oder Saarloos Wolfshunde, die beide anerkannte Hunderassen sind und demzufolge keine Wolfshybriden.

Ádám Miklósi (2011) macht auf die Gefahren einer restriktiven Rassezucht aufmerksam und warnt vor einem gefährlichen „Spiel", wenn lediglich mit dem Körperbau experimentiert und Hunde nur auf Aussehen gezüchtet werden: „Züchter werden zur Inzucht angeregt, um die Erfordernisse [von genetisch reinen Populationen] zu erfüllen, und das Fehlen von Selektion nach Verhalten führt zum Verschwinden rassespezifischer Merkmale." Stattdessen wäre es wichtig, genetische Vielfalt zu erhalten und eine Kreuzung verschiedener Hunderassen zuzulassen. Das kann der Gesundheit unserer Hunderassen insgesamt nur gut tun.

Juveniler Saarloos Wolfshund

Die Domestikation des Haushundes

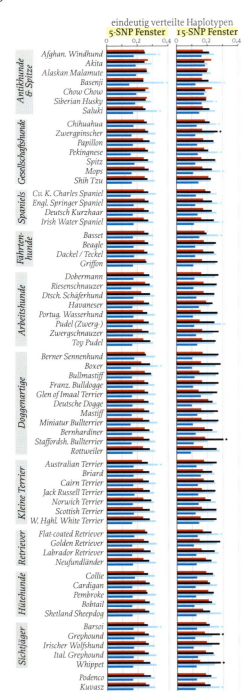

Von welchem Wolfstyp stammt „Ihr" Hund ab?

Alle Hundebesitzer, die in der hier veröffentlichten Auflistung nichts finden konnten, sollten bedenken, dass diese Liste längst noch nicht komplett ist.
Quelle: vonHoldt B. M. et al.: Genome-wide SNP and haplotype analyses reveal a rich history underlying dog domestication; NATURE Vol 464, 8 April 2010. Mcmillan Publishers Limited.

— *Chinesischer Wolf*
— *Europäischer Wolf*
— *Zentralosteuropäischer Wolf*
— *Nordamerikanischer Wolf*

Was bedeutet das für mich als Hundehalter?

– Ein klares Wort an alle Politiker und Medienvertreter: Lasst endlich unser aller Kulturgut Hund in Ruhe. Macht Schluss mit diesen dummdreisten „Kampfhunde-Debatten" und zweifelhaften „Aggressionsüberprüfungen". Alle bisher gängigen Wesenstests entbehren einer einheitlich definierten Methodik. Eine wissenschaftliche Überprüfung und Auswertung ist somit *nicht* gewährleistet, wie gleich mehrere namhafte Ethologen und Biologen seit langem vehement kundtun. Wer Rassismus in Bezug auf Menschen ablehnt, hat auch eine ethisch-moralische Verpflichtung gegenüber sogenannten „Kampfhunden" (Foto 1).

Rottweiler sind bei verantwortungsvoller Haltung entgegen aller Hetzkampagnen durchaus prima Familienhunde.

– Degenerierte Hunderassen und Qualzuchten sind ein Produkt unverantwortlicher Menschen, die weiterhin unbeeindruckt ihre Lust am „Gottspielen" ausleben. Dieses egoistische Verhalten ist … naja, Sie wissen schon. Wo bleibt der Respekt vor der Gattung Hund? Das Resultat aus Kreuzungen unterschiedlicher Rassen kann durchaus Mut machen. Positive Beispiele sind z.B. Elo, Labradoodle oder Goldendoodle, die sich seit vielen Jahren zunehmender Beliebtheit erfreuen (Foto 2). Leider führt dies aber besonders in letzter Zeit dazu, dass es gerade bei diesen sogenannten „Designer-Dogs" immer mehr Züchter gibt, die auf Masse züchten. Um so wichtiger ist es, darauf zu achten, keine Tiere bei einem Hundevermehrer zu kaufen.

Der Labradoodle, ein gesunder, freundlicher Familienhund.

Was verbindet, was unterscheidet Wolf und Hund?

Der Hund ist und bleibt die domestizierte Form des Wolfes. Die meisten Hundebesitzer wissen jedoch nicht, dass beide genetisch zu 99,96 Prozent übereinstimmen. Wolf wie Hund sind anpassungsfähige, territoriale und äußerst kooperative Beutegreifer. Wenig bekannt ist auch, dass die ernst zu nehmende sozioemotionale Kompetenz des Hundes vom Wolf stammt. Wolf *und* Hund macht es ungeheuren Spaß, herumzutoben und zu spielen. All dies dient Interaktionspartnern der nuancierten Deutung „typischer" Verhaltenseigenschaften. M. Bekoff (2001) hebt die erstaunliche Fähigkeit von Kaniden hervor, „sich in ihr Gegenüber hineinversetzen zu können". Das ist keine exklusive Eigenschaft von Menschen! Ganz allgemein wird das Sozialverhalten von Wolf *und* Hund bis heute sinnvollerweise zunächst den stets allem Verhalten zugrunde liegenden Funktionen Überleben und Fortpflanzung als übergeordnete Begriffe zugeordnet (siehe äußerster Kreis in der Abbildung). Als Bindeglied zwischen den vier Funktionskreisen Kampfverhalten, Brutpflege, Territorialverhalten und Sexualverhalten ist die Kommunikation anzusehen (Wehnelt & Beyer 2002).

Somit wäre nicht nur das Sozialverhalten als Erbgut des Wolfes, das jedem Hund zueigen ist, in groben Zügen erklärt, sondern

Ritualisiertes Kampfverhalten mit gehemmtem „Maul-Ringen" ohne Ernstbezug

auch wie wichtig Wolf-Hund-Vergleiche sind, um kanidentypisches Basisverhalten zu begreifen. Vielen Hundehaltern ist nicht bekannt, dass sich der Wolf damals wie heute – je nach Lebensraumbedingung – sehr flexibel vom wehrhaften Bison oder Elch, von Fisch, Maus oder Aas ernährt. Deshalb bezeichnet der Zoologe David Macdonald alle Hundeartigen als „fleischfressende Allesfresser". Das gilt auch für den „modernen" Haushund, der Fleisch vorzieht, ansonsten jedoch so gut wie alles frisst. So viel zum ewigen Streit um dessen „artge-rechte Ernährung".

Die gezielte Rassehundezucht hat zu einem Verlust von 35 Prozent der genetischen

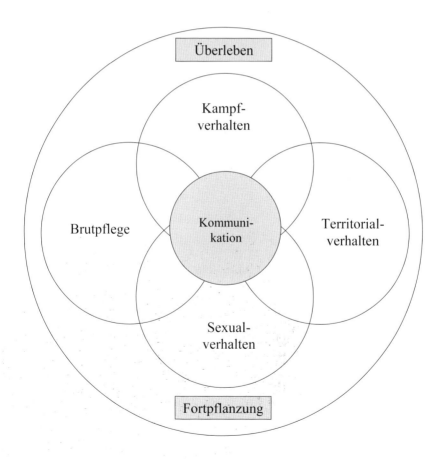

Funktionskreise (Sozialverhalten); Quelle: Wehnelt & Beyer 2002

Vielfalt geführt, wie Melissa Gray (2009) und ihre Kollegen berichten. Vielen Ersthundehaltern ist nicht bekannt, dass der Haushund generell auf dem Entwicklungsstand eines jungen Wolfes stecken geblieben ist. Das bedeutet konkret, dass Hunde bis ins hohe Alter kindlich verspielt sind (Foto unten), und Wölfe sich nach der Geschlechtsreife weiterentwickeln. Das ist einer der gravierenden Unterschiede.

Laut dem Kynologen Hellmuth Wachtel (2011) kann auch das Vorwürgen von Futter als leicht verdauliche Nahrung an Welpen zwar noch bei manchen Hündinnen, aber nicht mehr bei Rüden und Geschwistern beobachtet werden. Dies ist aber längst nicht bei allen Rassen und Hundeindividuen der Fall. Wie in der Wolfswelt gibt es aber auch bei den Hunden nette „Tanten", die das sehr wohl tun. Das Einzige, was man generell

Um auch im Erwachsenenstadium verspielt zu bleiben, brauchen Hunde interaktive und kommunikative Kontaktmöglichkeiten.

sagen kann, ist, dass sich manche hundliche Verhaltensweisen, die nicht mehr durch die Natur oder den Menschen selektiert wurden, teilweise verändert haben oder gänzlich verschwunden sind.

Erik Zimen (1971) zeigte, dass Königspudel nicht mehr imstande waren, überschüssige Nahrung richtig zu vergraben, wie es Wölfe bei ihrer „Vorratswirtschaft" zu tun pflegen. Viele erfahrene Hundeleute sehen aber bei anderen Hunderassen, dass es immer wieder Ausnahmen von der Regel gibt, oder sie sehen im Alltag, wie ihr Hund klammheimlich in den Garten läuft, um dort seinen Knochen zu vergraben.

Auch in unserer Freilandforschung sehen wir, dass sowohl der Hund als auch der Wolf Nahrung bunkert.

Hundliches Bellverhalten

Zum Ursprung hundlichen Bellverhaltens gehen die Meinungen massiv auseinander. Dorit Feddersen-Petersen (2011) definiert das Bellen als ein differenziertes Lautäußerungssystem und als Anpassung an die ökologische Nische Hausstand. Das erscheint uns stimmig. Wenig Sinn macht hingegen die ständig wiederholte Behauptung, Wölfe könnten und wollten nicht bellen, „um nicht entdeckt zu werden". Da sammeln wir im Freiland völlig gegenteilige Erfahrungen: Hiesige [Bloch] Timberwolfseltern und Babysitter flippen „verbal" völlig aus und bellen wie verrückt, wenn ein Puma oder Bär ihre Welpen bedroht. Eine ursächliche Basis des Bellverhaltens könnte also in der wölfischen Jungtierverteidigung liegen. Außerdem kann ich [Radinger] in Yellowstone besonders während der Paarungszeit immer

Feldnotizen

Günther Bloch, Toskana
In den drei verwilderten Hundeclans, deren Leben wir in der Toskana fast drei Jahre lang begleiteten, ging es kunterbunt zu: Da gab es Spezialisten wie „Snoopy", der wie ein Wolf mehrere Futterdepots anlegte, dann aber stinksauer zur Kenntnis nehmen musste, wie örtliche Wildschweinrotten seine Vorratskammern plünderten. Wenig wölfisch verhielten sich hingegen „Chief Nerone" und andere Rüden, denen eine familienfreundliche Nahrungsversorgung von Hündinnen nebst Welpen nie in den Sinn kam (Bloch 2007).

Elli Radinger, Yellowstone
Futtervorräte können so manchen Jungwolf in Bedrängnis bringen. Ich beobachtete, wie eine Jungwölfin sehr sorgfältig ein Stück Fleisch von einem Kadaver vergrub. Als sie mit der Arbeit fertig war, entdeckte sie ihren Bruder, der die ganze Aktion genau beobachtet hatte. Hm, was tun? Die kleine Wölfin schob sich „unauffällig" immer näher an ihr Vorratslager. Offensichtlich traute sie dem Frieden nicht. Schließlich stand sie auf und setzte sich direkt neben den Bruder nach dem Motto: Wenn der jetzt aufsteht, krieg ich es wenigstens mit. Nicht jeder Jungwolf lädt seinen Bruder zu einem Festmahl ein. (Was zeigt, dass Wölfe auch einmal eigennützig handeln können.)

wieder eine Art „Revierverteidigungsbellen" beobachten. So lieferten sich vor einigen Jahren die Druid-Wölfe mit der Agate-Gruppe ein fast fünfunddreißig Minuten dauerndes „Bellgefecht": Die Druids kläfften massiv, laut, andauernd und mit einigen sehr kurzen Heulintervallen die Eindringlinge an, die ihrerseits zurückbellten.

Insgesamt stimmen wir der durch W. Herre und D. Feddersen-Petersen bewiesenen und immer wieder publizierten Einschätzung zu, die eine Unterscheidung Wolf-Hund eher an *quantitativen Ausprägungen von Verhaltensneigungen* festmachen: Hunde sind viel stärker auf die Kooperation mit dem Menschen ausgerichtet und auf Aufmerksamkeit.

Im Gegensatz dazu versuchen selbst handaufgezogene Wölfe den Menschen eher „kreativ auszutricksen" als ihm zu gefallen. Auch meine [Bloch] Frau Karin musste erfahren, dass Wolfskinder sehr eigensinnig sind und ihren eigenen Kopf behalten, nachdem sie in Wolf Park (USA) zehn Jahre hintereinander maximal zehn Tage alte Timberwolfwelpen als „Ersatzmutter" mit der Flasche großgezogen hatte. Ähnliche Erfahrungen sammelte Ádám Miklósi (2011) von der Eötvös Loránd Universität in Ungarn, wo man Europäische Wolfs- und Hundewelpen sogar unter gleichen Bedingungen im Haus aufzog, um herauszufinden, wo die Verhaltensunterschiede in der Beziehung zum Menschen liegen. Die Studentinnen nahmen einen Wurf fünf Tage alter Wolfswelpen, lebten mit ihnen zusammen im Haus und nahmen sie überall mit hin. Der Versuch, diese auf dieselbe Art zu „erziehen" wie zuvor bereits aufgezogene Hundewelpen endete im Fiasko, weil sich die Wolfskinder mehr und mehr verselbstständigten. Ein „Nein" akzeptierten sie nicht, Objekte gaben sie nicht wieder her. Ansonsten zerstörten sie alles, was sie in die Schnauze bekamen. Nach knapp vier Monaten wurde das Experiment endgültig aufgegeben.

Diese repräsentativen Beispiele zeigen den Unterschied zwischen Zähmung/Sozialisation und Domestikation, den Dorit Feddersen-Petersen (2007) zutreffend bezeichnet als „einen biologischen Prozess, der aus Wildarten Haustiere werden lässt". In Bezug auf dieses wichtige Thema weist Hellmuth Wachtel (2011) uns *alle* auf einen sehr wichtigen Punkt hin: „Genau genommen müsste man fast jede Rasse mit dem Wolf separat vergleichen." Recht hat er! Wollte man jedoch die 350 Rassen, die es derzeit gibt, vergleichend untersuchen, bräuchte man Generationen.

Hundespezifisch ist jedoch, dass sie allesamt tagtäglich mit einem inneren Konflikt zu kämpfen haben: Einerseits zeigen sie ein sehr reges Interesse am Menschen, gehen aber andererseits eben auch gerne „wölfischen Gelüsten" nach, wie z.B. Beute verfolgen. Erik Zimen (2001) definierte diese Zerrissenheit als die „zwei Seelen in der Brust des Hundes". Unsere [Bloch] Dackelhündin „Kashtin" liebte es zeitlebens, auf dem Schoss meiner Frau zu sitzen *und* draußen Mäuse zu töten. Meine [Radinger] Labrador-Mischlingshündin „Shira" liegt mit mir zuhause auf dem Sofa *und* würde gerne Wild nachjagen. So sind Hunde und so sollten sie sein!

Kleiner Tipp aus der Trickkiste: Um das selbstständige Jagdverhalten von Junghunden (links) gezielt unter Kontrolle zu bringen bzw. den Rückruf des Besitzers zu verbessern, empfiehlt es sich, diesen mit einer Doppelleine an einen gehorsamen Althund anzubinden und nur diesen zu rufen!

Nein, wir lassen uns nicht von ewigen Nörglern und Besserwissern ins Boxhorn jagen, die eine verantwortungsvolle Verhaltenserforschung an wilden Hundeartigen als „nicht zweckdienlich" empfinden. Sollen wir etwa von vorneherein auf einen seriös zusammengetragenen Verhaltenskatalog verzichten? Ist das die Lösung? Die substanzlose Sprücheklopferei von einigen „Internet-Experten" ist wahrlich kaum noch zu überbieten. Deren laienhafter Alternativvorschlag, man solle „*ausnahmslos* nur Hunde" beobachten, ist bestenfalls naiv, weil es *das* Hundeverhalten nicht gibt. Welche Hunderasse, welchen Hundetyp sollen wir denn beobachten? Welches Verhaltensrepertoire – und dies bitte aus Gründen der vollständigen Darstellung einschließlich sämtlicher Informationen zu allen Funktionskreisen gesammelt – wollen wir denn zur „Hundeverhaltensnorm" erklären? Das eines Mopses oder das eines Irischen Wolfshundes?

Wer Vergleiche zum Wolf ablehnt und Hundeverhalten nicht im biologischen und sozialen Kontext voneinander abgrenzt, müsste in der Konsequenz aufgrund der enormen Vielfalt an Rassen *und* hundlicher Individualität generell sämtliche Vergleiche komplett einstellen. Destruktiver geht es kaum noch!

Im Zusammenhang mit Wolf-Hund-Vergleichen werden wir oft gefragt: Wer ist denn nun intelligenter, Wolf oder Hund? Wolfsforscher *und* Hundebesitzer wie wir halten diese Frage für überflüssig.

Kurt Kotrschal (2003) bringt es wunderbar auf den Punkt: „Der Haushund ist zwar nicht dümmer geworden, aber er hat sich auf die Kooperationsfähigkeit mit dem Menschen spezialisiert." Nach Prof. Michael Tomasello, vom Leipziger Max Planck Institut für Evolutionäre Anthropologie, hat allerdings nur der Mensch sozusagen die „höchste Stufe" der Kooperation erreicht, nämlich die Erkenntnis des Zieles der Zusammenarbeit, unter kommunikativen Abläufen sich über die Erreichung dieses auseinanderzusetzen. Seine These, dass nur der Mensch „von Natur aus sozial veranlagt" sei, stößt auf breite Kritik.

Was bedeutet das für mich als Hundehalter?

– Damit jeder Hundehalter die *Grundlagen* von hundetypischem Verhalten versteht, ist es sehr hilfreich, die wölfischen Wurzeln seines Tieres zu kennen. Das ist sozusagen der Punkt Null, von dem aus wir beginnen, zu vergleichen. Wenn der Dobermann die Spielpuppe eines Kindes „totschüttelt" und nicht wieder hergibt oder der Australian Cattle Dog nicht aufhören will, einen Jogger in die Hacken zu grabschen, so ist dies kein „spaßiges, domestikationsbedingtes Schauspiel". Wenn beim Windhund, der ein Reh hetzt, der

Oskar und Laika beim gemeinsamen Beutespiel in einem See

„Wolf durchschlägt", hat dieses Beutefangverhalten nichts mit Aggression zu tun, kann aber hingegen sehr wohl brandgefährlich sein. Ein Wolf, der Beute nachstellt, ist wohl kaum „böse" auf sein Opfer, dennoch bringt er es um! (Foto 1)

– Alle unsere Hunde sind nonverbale „Kommunikationsgenies". Auch ohne gesprochene Worte deuten sie mit ihrem feinen Gespür für Körperzeichen und Gesten selbst unser mimisches Lächeln in Sekundenschnelle. Wen wundert's, schließlich lächeln sie ja selbst. Richtig ist, sich mit dem gesamten Ausdrucksverhalten von Hunden und auch mit dem eigenen auseinanderzusetzen. Falsch dagegen ist es, speziell auf den Menschen gerichtete Kontaktlaute des Hundes einfach zu ignorieren. Basenjis oder Akita und Shiba Inu bellen so gut wie nie. Nordische Hunde heulen mehr als sie bellen. Zeigen Sie deshalb ruhig Mut zur eigenen „Verhundlichung". Es empfiehlt sich, schon von klein an mit den Welpen einen ganz speziellen, ganz eigenen, familienspezifischen „Kontaktlaut" (Heulen, Fiepen, Bellen) einzuüben, mit dem Sie dann später jederzeit den Hund zu sich rufen können (Foto 2).

Freudig läuft der Welpe zu Frauchen, die mit Gestik und „seinem" Ruf lockt.

Soziale Organisationsformen von Wolf und Hund

Evolution findet täglich statt. Lebensraum diktiert Verhalten. Wolfsfamilien können sehr unterschiedlich strukturiert sein. Genau das lernen wir jeden Tag bei unseren eigenen Verhaltensbeobachtungen in Banff [Bloch] und in Yellowstone [Radinger]. Die Vorstellung einer strengen, von oben (Alpha) nach unten (Omega) durchstrukturierten Rangordnung bei Wolfs- und anderen hundeartigen Rudeln ist heute nicht mehr vertretbar (Gansloßer 2010). Um die verhaltensbiologische „Grundeinstellung" unserer Haushunde besser nachvollziehen zu können, erscheint ein weit gefasster Vergleich neben dem Wolf, auch mit Straßenhund, Dingo und zu verwilderten Haushunden eine wichtige Voraussetzung zu sein. Hier einige Beispiele: Seit über dreißig Jahren beobachtet und katalogisiert der Forscher Andrei Poyarkov die Straßenhunde von Moskau. Dabei hat er festgestellt, dass es drei unterschiedliche soziale Gruppenstrukturen gibt, die alle eigenständig innerhalb des Lebensraums von Menschen überleben, ohne mit ihnen individuelle Beziehungen aufzubauen:

1) Straff organisierte Hundegruppen, die einerseits sehr menschenscheu sind, andererseits sehr wölfisch agieren und koordiniert Kleinbeute wie Katzen oder Ratten erbeuten.

„Tauna", eine Neuguinea Dingohündin in der Trumler Station, Wolfswinkel

2) Hunde, die sich nur von Müll ernähren und statt stabiler Gruppen nur lose Lebensgemeinschaften bilden.

3) Hunde, die entweder einzeln oder in Kleingruppen in der U-Bahn von Moskau unterwegs sind und nachts, wenn es kalt ist, Schlafplätze über Heizungsschächten aufsuchen. Morgens steigen sie in die U-Bahn ein, fahren mehrere Stationen und steigen dort aus, wo es etwas zu Fressen gibt (McDonalds). Sind sie satt, fahren sie abends mit der U-Bahn wieder zu ihrem Schlafplatz zurück. Letzteres gibt uns nebenbei einen erneuten Beweis für kognitive Fähigkeiten von Haushunden. (Nähere Informationen und Fotos finden Sie im Internet unter dem Stichwort: „Moskows stray dogs".)

Dingos – echte Wildhunde?

Auch Dingos werden mitunter fälschlicherweise verallgemeinert als „echte Wildhunde" klassifiziert. Es gibt Leute, die ohne rot zu werden behaupten, dass „kein einziger Dingo die Nähe des Menschen sucht, weil er als ehemaliger Haushund wieder gelernt hat, in der Wildnis zu überleben". Ach ja? Schön wär's. In Wahrheit kommen Kreuzungen mit Haushunderassen laut dem Freilandökologen und Dingo-Experten Laurie Corbett (2001) leider viel zu oft vor, und selbst „reine" Dingos formen je nach Lebensraum signifikant unterschiedliche Sozialstrukturen: Von den „Abstauberdingos" auf Frazer Island, die oft zusammen mit ihren Welpen in der Nähe von Touristenzentren herumlungern und versuchen, Futter zu stehlen, bis hin zu im wölfischen Sinn kooperativen Rudelgemeinschaften im Norden und in Nordost-Australien, die gemeinsam Welpen aufziehen und koordiniert große Beutetiere wie Buschkängurus jagen.

Unsere [Bloch] mehrjährigen Verhaltensuntersuchungen an drei verwilderten Haushundegruppen in Italien zeigten, dass diese Tiere in Familienverbänden lebten, Welpen gemeinsam gegen Wildschweine verteidigten und stets individuell unterschiedlich große Fluchtdistanzen zum Menschen einhielten, obwohl Tierschützer im Wald feste Futterplätze für sie eingerichtet hatten (Bloch 2007). Ob sie ohne dieses Nahrungsangebot überlebensfähig wären oder irgendwann in der x-ten Generation wieder eine Verhaltensvielfalt wie z.B. Dingos an den Tag legen könnten, weiß keiner.

Flexibilität der Haushunde

Letztlich verhalten sich auch „ganz normale" Familienhunde extrem flexibel und verstehen es sehr gut, mit Artgenossen differenziert umzugehen. Das sehen wir seit dreißig Jahren in unserer [Bloch] Hundepension mit gemischter Gruppenhaltung, wo sich z.B. tendenziell eher sozialverträgliche Meutehunde wie Beagle und Bassetts deutlich einfacher in soziale Gruppen einfügen als etwa manche Terrierrassen, die man ursprünglich zum Solitärjäger selektierte. Ob Rassehund oder Mischling, ob Hündin oder Rüde – manche Hundeindividuen bauen innerhalb mehrerer Wochen Urlaubszeit sogar halbwegs stabile Dominanzbeziehungen auf. Einige sind geradezu hocherfreut, „ihren" Kumpel nach einem halben Jahr der Trennung in unserer Pension wiederzutreffen. Fortan unternehmen sie alles gemeinsam, schlafen in einem Korb und fressen

Sozioemotionale Stimmungsübertragung unter Haushunden zur Spielaufforderung

wie selbstverständlich zusammen. Andere wiederum sind die reinsten Eigenbrötler und benehmen sich auch so.

Empathie durch soziales Spiel
In der Zeitschrift „Der Hund" las ich kürzlich den Leserbrief von Heidi Schwandt (2011): „Ich kann (Hundespieltreffen) nur jedem empfehlen, denn nach so einer Spielrunde sind die Hunde völlig ausgeglichen. So viel Power kann kein Mensch seinem Tier geben".

Wie wahr. Unsere Hochachtung für die Grundeinstellung, Hunde gelegentlich Hunde sein zu lassen, indem man sie sich auch zusammen beschäftigen lässt. Dieses Verhalten basiert laut dem Neurobiologen Jaak Panksepp (1998) wie bei anderen Säugetieren auch auf drei emotionalen Werkzeugen, um die für das Überleben nötige soziale Kompetenz auszubilden:
– Spiel und Freude
– Empathie und Fürsorge
– Panik in Trennungssituationen

Wie wir bereits von Marc Bekoff gelernt haben, fördert vor allem das Sozialspiel Empathie, nämlich die Fähigkeit, sich in andere hineinzuversetzen und auf deren Verhalten angemessen zu reagieren.

Auf die Mensch-Hund-Beziehung übertragen bekräftigt das Mechthild Käufer (2011) sehr schön: „Der Freiraum des Spiels bietet eine besonders gute Möglichkeit, sich gegenseitig kennenzulernen, gemeinsam neue Aufgaben zu bewältigen, auf spielerische Weise Grenzen zu erleben und so im doppelten Sinne zusammenzuwachsen."

Feldnotizen

Günther Bloch, Banff

Im Gegensatz zu der Meinung, dass sich Wölfe immer nur diskret und zurückhaltend in der Nähe von Menschen bewegen, sieht es bei uns in Banff ganz anders aus. Ein schönes Beispiel ist die Pipestone-Wolfsfamilie, die wir zurzeit täglich begleiten. Deren Wolfshöhle liegt maximal 150 Meter von der Straße entfernt. Hier wurden bereits drei Generationen von Jungwölfen wie Blizzard, Skoki und Lillian groß. Sie alle wurden schon als Welpen an Zivilisationseinflüsse gewöhnt, weil sie eine entsprechende Lebensraumprägung (Straßenverkehr, visuelle Eindrücke von Autos, Menschen) erfahren haben. Sie sind auch tagsüber aktiv, statt nur dämmerungs- und nachtaktiv, und benutzen wie selbstverständlich auch tagsüber die Straßen. Der Aktivitätsrhythmus unserer Wölfe richtet sich ausnahmslos nach dem Wetter, insbesondere der Temperatur.

Elli Radinger, Yellowstone

Junge Wölfe sind immer für eine Unterhaltung gut. Im Frühjahr beobachtete ich eine einjährige Lamar-Wölfin, die ein noch lebendes Erdhörnchen in der Schnauze trug. Sie setzte das Tier auf den Boden und begann, mit ihm zu spielen. Sie zeigte ihm die Zähne und fletschte es an, stampfte mit der Pfote neben der Beute auf, legte sich direkt neben sie und knurrte sie an. Das tapfere Hörnchen bewegte sich nicht vom Fleck. Endlich stellte es sich auf die Hinterbeine, bleckte zwei große Erdhörnchenzähne und stieß mit den kleinen Vorderpfoten in Richtung Wolf. Es sah aus, als wollte es boxen. Fast zehn Minuten lang dauerte dieser „Kampf" zwischen zwei sehr ungleichen Arten. Erst als ein anderer Jährling die Wölfin ablenkte, konnte das Erdhörnchen in Deckung rennen. Die Moral von der Geschichte? Auch wenn eine Situation ausweglos erscheint – gib niemals auf!

Drei unserer (Bloch) Jungwölfe (Djingo, Yuma und Kimi) im Winter 2011/12 auf der Eisenbahntrasse im Bowtal / Banff-Nationalpark

64 | Die Domestikation des Haushundes

1

Der Spaß, den spielende Hunde miteinander haben, ist durch nichts zu ersetzen.

Was bedeutet das für mich als Hundehalter?

– Unabhängig von der Rassezugehörigkeit gilt für uns alle der Grundsatz: Hunde sind Rudeltiere, die soziale Kontakte und Nähe zu Mensch *und* ihresgleichen brauchen. Wie wir immer beobachten können, lieben es gut sozialisierte, gesellige Hunde, mit Artgenossen zusammen zu sein (Foto 1). Die wenigen Hundehalter, die leider sämtliche Hundebegegnungen auf ein „Stressproblem" reduzieren, die nur die Beziehung Mensch-Hund zum „wahren Glück" hochstilisieren, handeln selbstverliebt und eifersüchtig. Von einem solch egoistischen Primatenverhalten sollten wir alle Abstand halten.

– Vor allem in organisierten Junghundegruppen sind die Schnösel offensichtlich auf Erfahrungswerte mit gleichaltrigen Artgenossen angewiesen, um spielerische Rollen des „Gewinnens und Verlierens" gründlich einzuüben. Wer von uns will schon einen „Asozialen"? (Foto 2)

– So mancher hat schon am eigenen Leib leidvoll erfahren müssen, dass es natürlich Hundeindividuen gibt, die wegen ihrer ausgeprägten Persönlichkeit wenig mit Artgenossen zu tun haben wollen. Hier handelt es sich besonders um sogenannte „Kopfhunde" (siehe S. 107). Eine Minderheit von Hundehaltern leitet unbegründet daraus ab, man könne Hunde

Leonberger Hündin Harley nimmt im Spiel als Ältere und in dieser Zweierbeziehung als Ranghöhere bewusst die Rolle der Unterlegenen gegenüber dem eigentlich rangtieferen Timber ein.

grundsätzlich nicht mehr in Gruppen zusammenlassen, weil sie dann „zu viel Stress bekämen". Das ist Primatendenken und im Verständnis der Kaniden unverantwortlich!

Kleine Anekdote zum Thema Stress

Die Aufgabe einer Seminarteilnehmerin war es, ihre sensible Hündin vom Typ „Seelchen" (siehe S. 115) kurz zu fixieren, um zu überprüfen, ob sie Beschwichtigungssignale zeigt oder nicht. Dann wollte sie ihr ein Leckerchen geben, was die Hündin nicht annahm, angeblich weil sie „zu viel Stress" hatte. In Wirklichkeit zeigte die Hündin der Situation angepasste Unterwürfigkeitsbekundungen. Aber ihr Frauchen wollte mit der Belohnung einfach nicht warten. Daraufhin nahm ich die Hündin zu mir und setzte mich hin, ohne sie anzuschauen. Innerhalb von achtunddreißig Sekunden nahm sie von mir das Leckerchen an, weil ich mich – im Gegensatz zu ihrem sehr hektischen und gestressten Frauchen – ruhig, geduldig und Sicherheit vermittelnd verhielt.

Ist man sich als Besitzer bei der Begegnung mit anderen Hunden nicht sicher, hilft ein Maulkorb als psychologische Hilfestellung für Menschen, da der Hund so nicht beißen kann.

Die Sache mit den Zeigegesten

Wir Hundehalter sind natürlich felsenfest davon überzeugt, dass unsere vierbeinigen Begleiter in gewisser Weise so denken wie wir. Liegen wir da alle falsch? Nein! Hunde „denken" zuallererst wie Kaniden, planen den Menschen jedoch bevorzugt in ihr eigenes Handeln ein. Müßig zu betonen, dass es zwischen Hund und Mensch ein intuitives „Wir-Gefühl" gibt. Die zwischenartliche Kommunikation mit dem Menschen funktioniert unübersehbar. Und das buchstäblich im wahrsten Sinne des Wortes. In einer Reihe von Experimenten verglich die Biologin Julia Kaminski vom Leipziger Max-Planck-Institut Hunde mit Schimpansen. Sie wollte sehen, ob die Tiere menschliche Zeigegesten und zielgerichtete Blicke verstehen, um versticktes Futter zu finden. Die Hunde nahmen das Angebot dankend an. Zeigte oder schaute die Versuchsleiterin auf den „richtigen" Topf, suchten sie dort nach Futter. Ungeklärt bleibt, ob diese hundliche Spezialeigenschaft ein instinktives Beiprodukt seiner Haustierwerdung ist oder wir eher von einem Nebeneffekt der Zuchtauslese auf Zahmheit auszugehen haben. Tatsache ist jedoch, dass es sich für den Hund lohnt, sich mit Menschen auszukennen. Es gibt Futter, Streicheleinheiten und manchmal auch Prügel. Über die Jahrtausende hinweg haben unsere Hunde beim Zusammenleben mit uns gelernt, unsere Mimik und Gestik zu lesen. Dieses Wissen geben sie offensichtlich mit dem Erbgut weiter.

Anders dagegen wir Menschen. Ertappen wir uns nicht manchmal dabei, dass wir im Umgang mit unserem Hund häufig tragisch-komisch erfolglos sind? Müssen deswegen so viele von uns erst in der Hundeschule von „Dolmetschern" die Sprache unserer Fellnasen erklärt bekommen? Warum brauchen wir sie? Weil wir „Primaten" anscheinend tendenziell oftmals faul, besserwisserisch und ignorant gegenüber Offensichtlichem sind, nämlich dem Erkennen der Eigenheiten der Körpersprache unserer Hunde.

Neuere Experimente an der Universität von Texas mit Bonobos bestätigen diese Erkenntnisse. Hier lernten zwar einige Affen durch Nachahmung, auf Fingerzeige zu reagieren. Jedoch gaben sie dieses Wissen *nicht* an andere weiter, sondern machten daraus ein großes „Geheimnis", behielten alles Gelernte für sich. Darin liegt der entscheidende Unterschied zwischen Mensch und Affe, glaubt Brian Hare. Menschen haben ein gemeinsames „Ziel", das sie kommunikativ miteinander teilen, weitergeben und lehren.

Vergleich Wolf – Hund

Tests mit Zeigegesten gibt es schon seit Jahren auch für den Vergleich Wolf-Hund – allerdings mit gemischten Resultaten. Ádám Miklósi ging zunächst davon aus, dass Wölfe grundsätzlich nicht auf Zeigegesten des Menschen reagieren. Bei einem später mit herangewachsenen Tieren wiederholten Experiment deuteten aber fast die Hälfte der Wölfe die menschlichen Hinweise richtig. Der Ethologe Erich Klinghammer, der ähnlich gelagerte Tests durchführte, meint, dass Wölfe, die auf Menschen sozialisiert sind, durchaus die Möglichkeit in Betracht ziehen, auf deren Zeigegesten zu achten.

Altair öffnet ohne zu zögern die Tür (oben), was die übrigen Familienmitglieder höchst beeindruckt zur Kenntnis nehmen und sogar unterstützen (Foto unten).

Im Vergleich zum Hund lassen sich Wölfe jedoch niemals das Heft aus der „Pfote" nehmen und verhalten sich im Lösen von Problemen deutlich kreativer.

Bei meinem [Radinger] Ethologie-Praktikum in Wolf Park konnte ich sehr oft sehen, wie präzise (handaufgezogene) Wölfe ihre Betreuer beobachten und daraus Schlüsse ziehen. Leitwölfin Altair war Spezialistin darin, eine Falltür zum Nebengehege über eine Griffvorrichtung zu öffnen. Wie man das macht, hatte sie sich von den Betreuern abgeschaut.

Die Wolf-Park-Betreiber mussten sich immer neue Tricks einfallen lassen, um das zu verhindern. Die Biologin Pat Goodmann antwortete auf meine [Radinger] Frage, ob Wölfe lernen, den Menschen in ihre Handlungen miteinzubeziehen: „Das ist ganz einfach. Unsere Wölfe machen mir stets unmissverständlich klar, dass die ganze Sache

sowieso von Anfang an ihre Idee gewesen ist." Da fragt sich: Wer manipuliert hier wen? Diese „Manipulationsfrage" sollte sich bisweilen auch so mancher Hundebesitzer stellen, wenngleich Hunde mit dem Menschen eher grundsätzlich kommunizieren, um ihm zu gefallen.

Frans de Waal (2011) gibt jedoch bei den Fingerzeig-Versuchen zu bedenken: „Zeigen wird bei Versuchen oft mit einer Art ‚Sprache' verknüpft. (...) Dabei haben sich einige Forscher auf die typisch menschliche Geste mit ausgestrecktem Arm und Zeigefinger konzentriert." Dies entspricht seiner Auffassung nach einer törichten westlichen Definition. Es gebe zahlreiche andere Zeigegesten wie Kopfrucken, Kinnbewegung, Lippen schürzen. Der Begriff des Zeigens müsse daher weiter gefasst werden (Beispiel: Pointer, der schon durch seine Körperhaltung etwas anzeigt.)

Wenn ich [Radinger] mit meiner Hündin eine Verlorensuche mache, muss ich ihr manchmal Hilfestellung geben. Das tue ich *nicht*, indem ich auf das Versteck deute, sondern allein durch meine Körperhaltung, indem ich all meine Aufmerksamkeit auch körpersprachlich auf den Gegenstand konzentriere: leicht vorgerichtete, angespannte Haltung, langsames Heranschleichen, Blickfixierung auf das Versteck. So lernt sie, sich auf mich zu konzentrieren. Und die Kommunikation klappt!

Was bedeutet das für mich als Hundehalter?

Hunde zeigen ein großes Interesse, mit uns Menschen unter anderem auch über Zeigegesten zu kooperieren. So sollten wir umge-

kehrt auch die Pflicht ernst nehmen, „Wissenswertes" weiterzugeben und zu lehren! Denn nur Primaten verzichten darauf, andere auf etwas aufmerksam zu machen, was man individuell ausgekundschaftet hat. Folglich sind es drei Dinge, die wir Hundehalter berücksichtigen sollten:

– Viele Hundebesitzer haben noch nie davon gehört, dass Hundesenioren, die aufgrund ihres Alters im Allgemeinen schlechter sehen und hören, ein *zweigleisiges* Informationsangebot über beispielsweise Sicht- und Hörzeichen zu schätzen wissen.

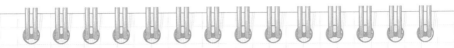

Feldnotizen

Günther Bloch, Banff

Wolfseltern leben eine besondere und uneigennützige Art von bewusstem „Familien-Unterricht" vor, indem sie ihre Jungen gezielt auf Dinge aufmerksam machen, die sie für das Überleben der gesamten Gruppe als wichtig erachten. Zeigegesten gebrauchen sie nicht, aber sie geben individuelles Wissen auf ihre Art weiter. Methodisch untersucht und häufig notiert, begeistert uns nachfolgendes Szenario ein ums andere Mal: Ein einzelner Wolf macht erfolgreich Beute, frisst und wälzt sich genüsslich im Kadaver. Kurz darauf läuft er zum Rendezvousgebiet, um sich von den Seinen intensiv beschnüffeln zu lassen. Erfahrene Individuen wissen sofort Bescheid, die Jungen lernen blitzartig: Unser Familienmitglied riecht vielversprechend und führt uns nun zu einem Beuteriss, wo es etwas zu fressen gibt. Einen solchen Anschauungsunterricht bekommt man nur im Freiland geboten. So läuft in Wolfskreisen – im Gegensatz zu Primatengesellschaften – eine evolutionär-fortschrittliche kulturelle Weitergabe von Wissen ab!

Elli Radinger, Yellowstone

Manchmal bringen sich Jungwölfe auch selbst etwas bei, um dann später erfolgreich das Gelernte umzusetzen. Im Mai 2011 beobachtete ich fünf Lamar-Wölfe, die urplötzlich begannen, eine Gruppe Gabelböcke zu jagen, die im Zickzack davonsausten. „Keine Chance, die sind viel zu schnell", dachte ich. Dann aber trat einer der Gabelböcke in ein Schneeloch und kam ins Straucheln. Eine einjährige Wölfin schoss heran, schnappte sich die Beute am Fußgelenk und hielt sie so lange fest, bis die anderen Wölfe da waren und das Tier rissen.

Bemerkenswert ist, dass ich schon ein paar Tage zuvor beobachtet hatte, wie die Jungwölfin immer wieder vergeblich versucht hatte, Gabelböcke zu jagen. Sie war dabei immer allein, die anderen Wölfe schien das nicht zu interessieren. „Wann kapiert sie endlich, dass sie die Antilopen nicht fangen kann?", hatte ich mich schon lustig über sie gemacht. Jetzt musste ich Abbitte leisten. Offensichtlich hatte sich das Üben für die Wölfin ausgezahlt. Auch heute noch jagt sie gerne Gabelböcke. Vielleicht mag sie die Herausforderung. Vielleicht will sie einfach nur etwas anderes ausprobieren. Und wieder einmal machten mir die Wölfe klar, dass, je länger ich sie beobachte, umso weniger ich über sie weiß.

Die Sache mit den Zeigegesten

Sowohl der Hundebesitzer als auch ein Fremder zeigen gleichzeitig auf eine Handvoll Futter. Eine Hilfsperson hält den Hund fest und lässt ihn sich das anschauen.

Wohin geht der Hund? Läuft er zum Besitzer anstatt zur Fremdperson, zeigt er eine Präferenz für dessen Zeigegesten, wie dieser Rhodesian Ridgeback es tut.

— Zeigegesten helfen unseren Hunden nicht nur, ganz zielorientiert etwas anzudeuten und ihnen eine beabsichtigte Verhaltensaufgabe schneller und präziser beizubringen, sondern geben auch Auskunft, wie der Hund uns als engen Partner in seine Handlungen einbezieht (Foto 1 & 2).

— Wie oft hören wir heute noch die Auffassung, Hilfestellungen wie Zeigegesten hätten in Prüfungsordnungen nichts verloren. Das kommt unserer Meinung nach einer verhaltensbiologischen Bankrotterklärung gleich. Deshalb fragen wir alle „Hüter" solcher Prüfungsordnungen: Wollt ihr tatsächlich auf dem Evolutionsstand von egoistischen Primaten verharren?

— Wir Wolfsforscher haben gelernt, dass unseren Hunden das Erbgut eines dämmerungsaktiven Jagdspezialisten in die Wiege gelegt worden ist. Wo aber bleibt die Fantasie, die Konsequenz, das Gelernte in den Alltag einzubauen? Wer genau hinsieht, wird feststellen, dass mit zunehmender Dunkelheit die Farbe Blau klar dominiert. Die sieht auch der Hund eindeutig am besten. Wenn Sie also mit ihm zusammenarbeiten wollen (und das sollten wir alle), dann kaufen Sie blaues Spielzeug, Apportel, Futterbeutel oder Leckerlis, die es leider noch viel zu selten gibt. Was für eine Marktlücke! (Foto 3)

BIOLOGISCHE BEZIEHUNGSEBENEN

Kulturgeschichte Mensch – Hund

Alles nur territoriale Beutejäger?

Mensch und Hund haben eine lange gemeinsame Kulturgeschichte, mit vielen Höhen und Tiefen durchwandert. Eigentlich sollten wir alle doch von einer beiderseitigen Anpassung in Verhalten *und* Emotionen ausgehen. Diese Sichtweise gilt in weiten Teilen der Fachwelt als allgemeingültig akzeptiert. Wäre da nicht der neue Propagandafeldzug: Zurück zu den „biologischen Wurzeln". Hunde gelte es ausnahmslos als instinktgetriebene „Raubtiere" zu behandeln. Um der „Artgerechtigkeit" Willen.

Aber es kommt noch besser: Wir alle sollen schleunigst wieder lernen, ausschließlich nonverbal zu kommunizieren, zudem jegliche Emotionalität zu Beutejägern „ausklammern". So lautet die „sensationelle und revolutionäre" Idee. Der Wissenschaftsjournalist Stefan Klein macht in seinem neuen Buch „Der Sinn des Gebens" (2011) sogar noch einen Schritt weiter zurück, indem er verkündet, dass die Auffassung einer Kooperation im Tierreich grundfalsch sei. Tiere würden nicht dazu neigen, miteinander zu kooperieren und Ressourcen miteinander zu teilen, weil sie nicht imstande seien, sich in ihre Artgenossen hineinzuversetzen. Allein der Mensch sei zu altruistischem (uneigennützigem) und solidarischem Verhalten fähig. Dabei erwähnt er nur einmal in seinem Buch eine Beobachtung bei Tieren – und zwar ausgerechnet bei Schimpansen. Mit dieser Behauptung erntet er den Beifall der Darwin-Gegner, nicht aber den unseren. Wer, wie Herr Klein, offensichtlich noch nie in seinem Leben Wölfe oder Raben in freier Wildbahn hat zusammenarbeiten sehen, muss wohl unvollständig argumentieren. Schade.

Biologisch vorgegebene Verhaltensweisen

Sollten wir nicht alle konform gehen, dass Hunde grundbiologische Verhaltensfunktionen haben, die ihnen Vorteile bezüglich ihrer Gesamtfitness (= Überleben und Fortpflanzen) bringen? Doch diesem, in der Biologie zentralem und von Darwin geprägtem Begriff (Survival of the Fittest) begegnen wir mit einer extremen Einengung der Fortpflanzung (Stichwort: Champion-Zucht), unverantwortlicher Frühkastration (Stichwort: Persönlichkeitsbeschneidung von Jungtieren) und extremer Beschränkung einer kommunikativen Verständigung mit Artgenossen (Stichwort: Verkümmerung von Sozialverträglichkeit). „Ein solcher Akt der Kommunikation ist hauptsächlich dann gegeben, wenn ein Tier durch das Verhalten eines anderen zu einer Verhaltensveränderung gebracht wird, *ohne* dass die Energie für diese Verhaltensveränderung vom Sender stammt." (Wehnelt & Beyer 2002)

Unsere Haushunde müssen territoriale Ansprüche stellen und Haus und Habseligkeiten bewachen *dürfen*. Sie sind Bewegungstiere, die viel laufen *müssen*. Sie sind Jäger, die gerne Beute machen, packen und schütteln – selbst Putzlappen. Sie kommen mit einer multifunktionalen Kommunikationsausstattung daher. Diese beherrschen sie um Längen besser als wir. Vor diesem komplexen verhaltensbiologischen Hintergrund gibt es bedeutsame Gründe dafür, Hunde persönlichkeits- und rassespezifisch ernst

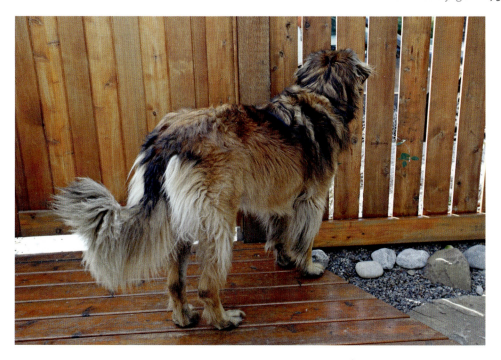

Unsere Nachbarin in Kanada: Leonbergerhündin Harley beim „heroischen" Abgrenzen ihres Reviers.

zu nehmen. Schließlich kommt der windschlüpfrige Körperbau eines Saluki nicht von ungefähr. Die „lose" Zunge des bellfreudigen Spitzes ebenso wenig.

Markierverhalten

Paradoxerweise sind es nicht selten ausgerechnet Anhänger der „biologischen Artgerechtigkeitstheorie", die jegliche arttypische Kommunikationsabsicht des Hundes durch sein Markierverhalten bis zur Unkenntlichkeit kontrollieren möchten. „Dominanzprobleme" gelte es im Keim zu ersticken, wird dahergeredet. Aha! Und dafür brauchen Hunde 180 bis 220 Millionen Geruchsrezeptoren? Eine solch primitive Primatensicht haben unsere Hunde nicht verdient, die täglich für uns im Einsatz sind. Neben den bereits bekannten Arbeitsfeldern für Hundenasen werden sie neuerdings auch eingesetzt, um beispielsweise in Hotelzimmern Bettwanzen anzuzeigen oder um Schimmelpilze in Häusern zu erschnüffeln. So viel zum Thema: Hunde sind Parasiten und nur sie haben einen Vorteil von uns.

Außerdem sollte uns allen ja bekannt sein, dass die Kennzeichnung innerer und äußerer Reviergrenzen mit Urin für eine optimale Umweltorientierung und das Inspizieren, respektive Übermarkieren von Urinstellen für eine individuelle Persönlichkeitsentwicklung des Hundes buchstäblich schicksalhaft sind. Das spielt aber offenbar für unsere „Dominanzspezialisten" keine

Wenn die Leine auf kurze Länge eingehakt ist, ist Schnüffeln, Pinkeln oder Kontakt-zu-Artgenossen-Aufnehmen tabu (1). Ist die Leine lang, darf Bello alles selbst entscheiden (2).

Rolle. Hunde, die markieren, tun dies aus signifikant *individuellen Gründen*: als Ausdruck einer Gruppenzugehörigkeit oder Stärke einer Paarbindung („Bindungspinkeln"), um Besitzansprüche zu prüfen oder anzumelden („Ressourcenpinkeln"), um der eigenen Darstellung willen („Statuspinkeln"). Wenn der Hund „Zeitung lesen" geht, muss man schon etwas genauer hinsehen (siehe S. 173).

Es gibt eine große Debatte, ob Hunde pinkeln dürfen oder nicht. Manche Hundebesitzer ziehen sie weg, andere warten geduldig, bis das Geschäft erledigt ist. Damit das endlich aufhört, kommt hier ein konstruktiver Vorschlag, der im Übrigen auch für Herumschnüffeln und sonstige Grundbedürfnisse des Hundes generell gelten sollte: die Doppelleine (Foto 1 und 2).

„Rudeltier" Hund
Und da wir gerade bei den großen Diskussionen angelangt sind, führen wir zum Thema Artgerechtigkeit noch einmal aus:

Artgerecht für den Hund ist, eng mit dem Menschen zusammenzuleben! Fragt sich nur wie? Hunde (genau wie auch Wölfe) nur einseitig als territoriale Beutegreifer zu betrachten, ist eindeutig zu wenig. Wenn wir wie ein Primatenchef auftreten, reicht das ohnehin nicht aus. Alle Aktionen von unseren untergeordneten Familienmitgliedern kontrollieren oder dominieren zu wollen, um die eigene „hohe Rangposition" zu beweisen, ist allein deshalb falsch, weil man sie dann offenbar schon längst verloren hat. Wobei wir wieder beim Thema „Rudelführer" wären. Ob wir unsere Lektion wirklich gelernt haben, lässt sich leicht überprüfen.

Kaniden stellen gewisse Ansprüche an ihre Gruppenleiter. Natürliche Autorität genießt, wer authentisch und verlässlich handelt. Soziale Anerkennung genießt, wer wenig Aggression zeigt und vor allen Dingen alles regeln *kann*, was es im Gemeinschaftsinteresse zu regeln gibt.

„Soziobiologische Markttheorie"
Das „Rudeltier" Hund sollte mehr verhaltensbiologische Vor- als Nachteile genießen. Wer sich an die Regeln hält, muss seitens des Menschen soziale Anerkennung, Schutz und Geborgenheit bekommen. Kaniden leben am liebsten nach dem Prinzip der „soziobiologischen Markttheorie". Jeder Mensch *und* Hund zahlt in ein *gemeinsames* Unternehmen etwas ein, jeder bekommt etwas raus. Deren Beziehungsgefüge funktioniert nur dann, wenn wirklich *alle* über einen längeren Zeitraum hinweg einen Vorteil davon haben (Gansloßer 2007). Für Primaten ist Selbstverwirklichung vordergründig, hingegen zählt für unsere Hunde in erster Linie die *Substanz* von Bindungsbeziehungen. Für sie ist gleichermaßen entscheidend, wie stark sie sich ihrer Gruppe verbunden fühlen. Nach Ansicht des Neurobiologen Gerald Hüther (2007) werden alle sozialen Lebewesen mit drei grundlegenden Bedürfnissen geboren:

– Zu einer Gruppe zu gehören,
– sich in einer Gemeinschaft geborgen und sicher zu fühlen und
– sich weiterzuentwickeln.

Erhebliche Zweifel sind angebracht, ob die gemeinsame Jagd evolutionsbiologische Antriebsmotoren der Familienbildung bei

Im Gegensatz zu Wölfen jagen die meisten Haushunde nicht, um Beuteerfolg zu haben, sondern aus reinem Spaß.

Kaniden beeinflusst (Macdonald 2006). Das heißt: Gemeinsam jagen zu gehen ist bei Weitem *nicht* alles! Nahrungssuche, hetzen, Beute konsumieren – all das macht bei uns [Banff und Yellowstone] Pi mal Daumen vierzig Prozent eines Wolfslebens aus. Mehr nicht. Der Rest verteilt sich auf Schlafen, Revierabgrenzung, Wanderungen und „familiäre Angelegenheiten". Untersuchungen von D. Macdonald & C. Sillero-Zubiri (2006) an diversen Wildkaniden heben die innerartliche Variabilität *sozialer Systeme* als wichtigsten Bestandteil ökologischer Anpassung hervor (siehe Foto rechts).

Worauf unsere Hunde *keinesfalls* verzichten können, ist ein „robustes Sozialnetz". Dieses fängt nämlich unter anderem auch Stress ab und ist dadurch ein gesundheitlicher Faktor. Wenn wir unsere leitende Rolle klar-machen wollen, sollten wir uns nicht vor Verpflichtungen drücken, sondern uns stattdessen der Verantwortung stellen, Gefahren zu erkennen und abzuwehren. Wir müssen schon Nachahmenswertes vorleben, wenn wir unsere Sofawölfe überzeugen wollen.

Lernen durch Beobachten

Dass Möglichkeiten zum aktiven Beobachtungslernen verhaltensbiologische Konsequenzen haben, zeigt eine Studie aus Südafrika. Dort durften zwei bis drei Monate alte Welpen ihre Mutter bei der Drogenspürarbeit beobachten. Diese waren bei der späteren eigenen Ausbildung leistungsfähiger und lernbereiter als solche, die ihre Mutter nicht beobachten konnten. (Gansloßer & Strodtbeck 2011) So langsam wird's eng für Behavioristen wie Jean Donaldson (2008), welche allen Ernstes schreibt, dass Beobachtungslernen unter Hunden erst noch nachgewiesen werden müsse. Fakt ist, dass Hunde durch Beobachtung nicht nur doppelt so schnell lernen wie mit anderen Methoden, sondern gleich fünfzehn Mal schneller (J. M. Slabbert und O. Anne E. Rasa, 1997). Dies gilt unabhängig davon, ob man ihnen Leckerlis gibt oder nicht. Die Lernvermittlung besteht also allein im Beobachten, nicht im Tun.

„Normales" Verhalten

Leider müssen wir in unseren Seminaren in Gesprächen mit Hundebesitzern immer wieder feststellen, dass das, was verhaltensbiologisch „normal" ist, anscheinend immer mehr in Vergessenheit gerät. „Problemhundeverhalten" verkommt zum Allerweltsbegriff. Unser [Bloch] Timber, der jeden Tag Eichhörnchen auf Bäume scheucht, hat kein Problem. Er schaut verschmitzt und freut sich riesig, wenn er uns „seine" Beute anzeigen darf. Wir kooperieren, Mensch und Jagdhund. Unsere Raissa (Gorbatschowa) ist entzückt, wenn sie uns in „Kampfstellung" auf merkwürdig erscheinende Revierfremde aufmerksam machen darf. Karin und ich regeln den Rest. Wieder kein Problem. Wir kooperieren, Mensch und Herdenschutzhund. Enge soziobiologische Zusammenarbeit tut gut und gibt Kraft. Um sie zu pflegen und zu verbessern, bedarf es eines Investitionseinsatzes an Zeit, Energie, Aufmerksamkeit und Interesse an gemeinsamen Aufgaben. Für uns Menschen gilt gleichermaßen wie für Hunde, dass die Zahl an exklusiven Beziehungspartnern

Karin Bloch mit unsren beiden Hunden „Timber" und „Raissa", die entspannt ihre Umwelt beobachten.

Auch in verwilderten Hundegruppen haben Hündinnen das Sagen. Hier: Leitweibchen „Eurecia".

und die Zeit, die man mit ihnen verbringt, nicht zuletzt von deren Persönlichkeitsstruktur bestimmt wird (Foto oben). Wie direkt das auch für die Mensch-Hund-Beziehung aussehen kann, zeigen zwei Beispiele:

Wie eng die leitende Funktion des Menschen mit dem oben genannten Fitness-Begriff im praktischen Alltagsleben mit dem Hund verknüpft ist, erzählte mir [Bloch] unlängst ein „Hundefrauchen", deren einjähriger, schlecht kontrollierter Boxerrüde Plato von zwei Schwänen angegriffen wurde. Ohne voreilige Interpretationen anzustellen, was eventuell an Drama auf sie zukommen *könnte*, schaute sich dieses „echte Leitweibchen" kurz um, ergriff einige umherliegende Stöcke, schleuderte sie kurzerhand in Richtung Schwäne und schritt ihnen laut gestikulierend entgegen. Dieses offensive Signal zum Gegenangriff verdutzte die wehrhaften Vögel so sehr, dass sie zurück ins Wasser flüchteten. Dieser beherzte Verteidigungsangriff muss bei ihrem Rüden einen bleibenden Eindruck hinterlassen haben, denn Plato blieb die ganze Zeit bei seinem Frauchen und hielt fortan einen jederzeit überschaubaren Radius zu seiner vorbildlichen Sozialpartnerin ein.

Auch ich [Radinger] kam kürzlich zum ersten Mal in meinem Leben in eine Situation, wo ich das Pfefferspray, das ich immer bei mir trage, einsetzen musste, als ein frei laufender Schäferhund (der schon einige Hunde im Dorf angegriffen und verletzt hatte) in eindeutiger Körperhaltung (Nackenfell gesträubt, Schwanz hoch aufgerichtet, Ohren nach vorne, fixierend, knurrend und zähnefletschend), dabei völlig unbeeindruckt vom Geschrei seines Besitzers, auf meine angeleinte Shira zuraste. Dem fremden Hund ist außer tränenden Augen und einer beißenden Nase nichts passiert, aber für mich war es eine Selbstverständlichkeit, mich vor meinen Hund zu stellen, statt abzuwarten, was passiert. Und die Moral von der Geschichte für wirkliche „Rudelführer/innen"? Nicht reden, sondern handeln!

Feldnotizen

Günther Bloch, Banff

Im Banff-Nationalpark habe ich über die Jahre hinweg mehrfach beobachtet, dass selbst Expansionsabsichten von Wolfsfamilien in besetzte Territorien von anderen Wolfsfamilien anfangs ausgesprochen diskret umgesetzt werden. Oftmals führen die Leittiere ihren Nachwuchs in das andere Gebiet, ohne mit Kot oder Urin zu markieren. Das ist eigentlich das Gegenteil von dem, was man erwartet. Denn sollte man es als Wolf nicht kundtun wollen, wenn man beginnt, ein Gebiet zu besetzen? Aber manche weitsichtigen Leittiere haben eine besonders interessante Strategie: Sie machen in einem Zeitraum innerhalb von mehreren Wochen mehrmals ein bis zwei Kilometer weite Erkundungsstreifzüge ins fremde Revier, ohne zu markieren, zu koten oder über Nacht dort zu bleiben. Erst wenn „sicher" ist, dass von den beheimateten Wölfen keine Konfrontation kommt, fangen sie an, ernsthaft zu expandieren, indem sie dann sogar äußerst massiv markieren.

Elli Radinger, Yellowstone

Welcher Unfriede herrschen kann, wenn Leitwölfe auf einen diktatorischen Führungsstil setzen, habe ich in Yellowstone bisher erst zweimal erlebt. In beiden Familien mobbte die Wölfin die anderen Familienmitglieder massiv und tötete sogar die Welpen ihrer Schwestern. In beiden Fällen wurden diese Leitwölfinnen von der eigenen Familie getötet. Die Leitrüden hielten sich dabei stets aus den entscheidenden Kämpfen heraus. Wolfsrüden greifen kaum Weibchen an. Nur wenn Welpen da sind, reagieren sie anders. Offensichtlich haben sie dann eine ordentliche Dosis Prolactin im Blut. Dieses Hormon ist für diverse Brutpflegeverhalten verantwortlich und führt auch bei Wolfsrüden dazu, sich dann besonders fürsorglich um Mütter und Welpen zu kümmern. Vielleicht wächst dadurch auch ihr Beschützerinstinkt und sie sind eher bereit, anzugreifen.

Wander-Rallyes mit anderen Hundebesitzern sind ein tolles Auslastungsprogramm für Mensch und Hund.

Man sollte mehrmals täglich eine Begrüßungsinitiative starten, um die Beziehung zu fördern.

Führungspersönlichkeit muss sich durch eine souveräne Körpersprache ausdrücken, wie es dieses „Frauchen" macht.

Was bedeutet das für mich als Hundehalter?

Wenn wir mit unseren Hunden ein langfristig überzeugendes Sozialnetz aufbauen wollen, macht umfangreiche Sozialisation den entscheidenden Unterschied aus. Wie sehr sich Hunde im Kontakt mit uns Menschen mental wohlfühlen, hängt im Wesentlichen davon ab, wie sehr wir sie zu körperlicher und geistiger Arbeit anregen. Konträr zur leider nur kurzfristig kooperativen Affengesellschaft kommen wir alle nicht umhin, im Zusammenleben mit unseren Fellnasen fünf wesentliche Punkte zu verinnerlichen:

– Geistige Verbundenheit = ähnliche Einstellung im Hinblick auf soziobiologische Gemeinschaftsinteressen;
– alltägliche Kontakte = Familienmitglieder kommen mehrmals täglich zu „Sozial-Rallyes" und mehrmals wöchentlich zu „Wander-Rallyes" mit anderen Hundebesitzern zusammen. Auch Inaktivphasen werden zusammen gestaltet (Foto 1).
– Wertschätzung = jegliche soziobiologische Leistung, was wieder einmal überhaupt nichts mit dem Rang zu tun hat, wird von allen Gruppenmitgliedern anerkannt.
– Wechselseitigkeit = Interessen an Begrüßungsinitiativen, Lebensraumerkundungen und Spielaufforderungen beruhen auf Gegenseitigkeit (Foto 2).
– Rat und Tat = echte Leittiere zeigen unbedingten Führungswillen, indem sie gezielt sämtliche Aufgaben wahrnehmen, die eine Überlebenswahrscheinlichkeit erhöhen und infolgedessen zur Beruhigung beitragen (Foto 3).

Vom Lieben und Leben von Mensch und Hund

Eine Beziehung Mensch-Hund steht dann am Scheideweg, wenn keine eindeutige Struktur vorhanden ist. Hunde werden verwöhnt. Schließlich soll es ihnen gut gehen. Das ist in Ordnung, solange der Mensch eine leitende Funktion innehat. Michael Grewe (2010) stellt die substanzielle Frage, was passieren würde, wenn in einer Mensch-Hund-Beziehung keine klare Struktur herrscht. Dazu passend höre ich [Bloch] tausendfach: „Zuhause ist er (Hund) ganz lieb, aber draußen ..."

Und genau hier spielt die eigentliche Musik: im Außenrevier. Hier begegnen wir der Katze, dem Kaninchen oder dem territorial aggressiven Nachbarshund. Hier entscheidet sich, ob der Mensch seinen Erziehungsauftrag erfüllt. Führungsrollen gewinnt man leider nicht in der Lotterie. Wer den Anspruch erhebt, in einem *gesellschaftsverträglichen* Team zu bestimmen, was wie läuft, übernimmt *echte formale* Dominanzaufgaben. Statt wie ein „Primatenhäuptling" vom Hund blinde Gefolgschaft zu verlangen, wäre ein Alternativkonzept, als sozialkultivierter Gruppenleiter einen präventiv vordefinierten Handlungsrahmen vorzugeben: dem Hund einerseits Verbote erteilen, ihm aber auch andererseits individuelle, verhaltensbiologisch notwendige Freiräume zugestehen. Zugegeben, es ist ein schmaler Grad, aber unabdingbar.

Alle von uns bisher beobachteten Jungwölfe erkannten ihre Gruppenleiter immer an deren eindeutigen „familienkulturellen" Verhaltensvorgaben.

Wölfische Führungsriegen vermitteln ihrem Nachwuchs einen wohldosierten Spagat zwischen grundsätzlicher Gutmütigkeit *und* Freiraumbeschränkung, geselligem Beisammensein *und* Grenzen setzen. Dies in stoischer Ruhe *und* mentaler Entschlossenheit, was gerade typisch ist für wölfische Leittiere. Wolfseltern bauen nämlich weder mit Welpen noch mit „Jungschnöseln" Dominanzbeziehungen auf. Gegenteilige Behauptungen sind ein Märchen: populär, oft wiederholt, aber allemal Unsinn. Wir alle sind aufgerufen, diese Botschaft insbesondere im Umgang mit Hunden *vor* Beginn der Pubertät zu berücksichtigen, wenn wir versuchen, nicht zuletzt aufgrund der erklärten Verjugendlichung des Hundes, unser Verhältnis zum Hund mit einer „Eltern-Nachwuchs-Beziehung" zu vergleichen. Genau dazu raten wir seit anno dazumal.

Verabtwortung übernehmen

Keinem von uns nützt es, sich über den Begriff Dominanz, aktuellen Modeströmungen angepasst, den Mund fusselig zu reden und ihn unreflektiert pauschal zu verteufeln. *Formale* und *momentane* Dominanz sind zwei verschiedene Paar Schuhe. Wenn wir situationsbedingt überlebensnotwendige Entscheidungen treffen und Besitzansprüche durchsetzen wollen, sind wir keine Tyrannen, die Hunde unterdrücken oder verängstigen. Menschen, die sich als soziobiologisch konforme Gruppenleiter *momentan* abgrenzen, die Ressourcen stets *ohne aktive Aggression* erfolgreich einfordern können, haben ihren Führungsanspruch über den Hund verantwortlich unter Beweis gestellt.

Den Silberrücken einer Gorillagruppe und dessen Politik der Verhaltensdiktate sollte man nicht auf die Mensch-Hund-Beziehung übertragen.

Kleiner Exkurs in die Primatenwelt
Die Primatenchefs haben es nicht leicht, wie eine Studie von Wissenschaftlern der Universität Princeton ergab (Gesquiere 2011), bei der die Konzentration von Testosteron und weiteren Stresshormonen bei frei lebenden Pavianen in Kenia gemessen wurde. Zwar hat das Chefsein Vorteile beim Futter und der Paarung, aber auch seinen Preis (das Leittier muss beispielsweise seine Stellung verteidigen). Das bedeutet Stress und löst hormonelle Reaktionen aus. Ein Zuviel der Stresshormone kann krank machen. Bei den Leittieren konnten deutlich höhere Stresshormonwerte festgestellt werden als bei den Vizechefs. Diese Erkenntnis gibt einen wichtigen Einblick in die Organisation sozialer Hierarchien.

Auf unsere Hunde übertragen heißt das: Kontrollieren *können* heißt auf keinen Fall auch *müssen*. Kaniden regeln die Verteilung von Ressourcen eben *nicht* über eine Langzeitdominanzstruktur. Wir brauchen unsere Privilegien eben *nicht* andauernd zu verteidigen, weil unsere Hunde eben *nicht* ständig nach Dominanz streben. Wozu soll er die „Kuh schlachten, die Milch gibt"? Das

Vom Lieben und Leben von Mensch und Hund | 85

Im Gegensatz zu den Gewohnheiten in Primatengruppen, lassen sich Leitweibchen wie Faith von männlichen „Alpha-Wölfen" keine Verhaltensvorgaben diktieren.

wäre einfältig, und so sind Hunde nicht. Seit ehedem gilt das alte Kanidenprinzip: Die Anerkennung von Ranghoch durch Rangtief beruht auf dessen *freiwilliger* Leistung.

Doch nichts ist umsonst im Leben. Hunde erwarten überzeugende, gewinnbringende Gegenleistungen. Somit ist es unsere Aufgabe, Besitzansprüche auf Ressourcen aller Art mit situativen, teilweise bedarfsabhängigen Gegebenheiten zu kombinieren. Wenn wir als Führer überzeugen wollen, sollten wir einen präzisen Lebensplan parat haben *und* trotzdem zum Teilen bereit sein. Punktum!

Gut und schön, werden ewige Bedenkenträger jetzt argumentieren: „Ihr seid ja Profis. Bei euch klappt das. Was für einen ultimativen Geheimtipp gebt Ihr Profis uns denn jetzt?" Auf diese Frage möchten wir ehrlich antworten: *Den* ultimativen Supertipp zum allseits wohlerzogenen Vierbeiner wird es niemals geben. Wir sehen eher einen hilfreichen Ansatz darin, sich dem Bombardement der tausend Meinungen in Bezug auf die „richtige" Hundeerziehung zu widersetzen. Kompliziertes verunsichert, Willkürliches ist uneffektiv. Infolgedessen versuchen wir in unseren Seminaren die dümmliche Welt-

1

2

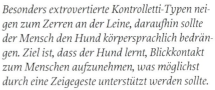

Besonders extrovertierte Kontrolletti-Typen neigen zum Zerren an der Leine, daraufhin sollte der Mensch den Hund körpersprachlich bedrängen. Ziel ist, dass der Hund lernt, Blickkontakt zum Menschen aufzunehmen, was möglichst durch eine Zeigegeste unterstützt werden sollte.

anschauungsdiskussion in Sachen Hundeerziehung auf einige Hauptaspekte zu reduzieren.

Ob man es nun vorwärts oder rückwärts diskutiert, letztlich quälen sich etliche Hundebesitzer, die einen mehr die anderen weniger, mit drei klassischen Schwierigkeiten herum: Entweder haben sie ein
– Anführerschaftsproblem (z.B. mit an der Leine zerrenden Hunden, Fotos 1-3),
– Ressourcenzuteilungsproblem (z.B. mit aggressiv gestimmten Hunden, Foto 4),
– Beutefangkontrollproblem (z.B. mit sich selbst belohnenden „Jagdjunkies", Fotos 1-3, S. siehe 88/89).

Brisant wird die Sache, wenn sie mit allen drei Problemlagen zu kämpfen haben.

3

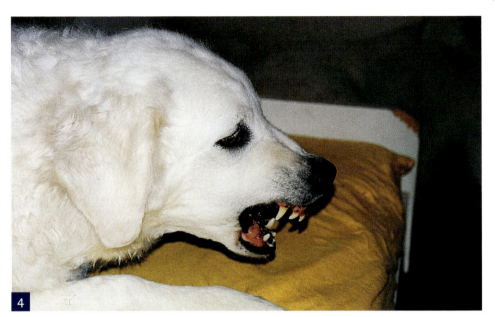

4

Was bedeutet das für mich als Hundehalter?

— Hunde beschränken sich nicht selbst. Daher sind wir Hundehalter gefordert, konkrete Maßnahmen zu ergreifen, um den hundlichen Freiraum *vorausschauend* einzugrenzen. Sinnvoll ist, den Bewegungsradius eines Hundes unterwegs im Außenrevier unaufgeregt, aber eindringlich zu begrenzen, denn dann ist man das Gespenst der Führungslosigkeit bald wieder los (Foto 1, S. 90).

— Die aktuellen Diskussionen um die „Alpha-Diktatur" werden teilweise völlig überzogen geführt. Als destruktiver Anhänger einer autoritären Hundebehandlung gilt, wer seinem Hund ein Stück Besitzanspruch nehmen will. In Wirklichkeit ist eine *verlässliche*, situationsangemessene Besitzkontrolle von „innerterritorialen Belangen", die weite Bereiche unseres häuslichen Zusammenlebens umfasst, für Hunde sogar überzeugend (Foto 2 und 3, S. 90).

— Anders als so oft behauptet, bedeuten Objektspielaufforderungen zur Förderung des hundlichen Beutefangverhaltens nach der Devise „Spaß auf Teufel komm raus" *nicht* die große Freiheit. Sie führen nach unüberlegten, eingeübten Konditionierungsabläufen viel wahrscheinlicher zu einer direkten Abhängigkeit. Wer beim gemeinsamen Beutespiel Mensch-Hund permanent gegen die Regeln der Verhältnismäßigkeit verstößt, darf sich über dessen exzessives Suchtverhalten (Appetenzverhalten) nicht wundern (siehe Fotos S. 88/89).

Situative Ressourcensicherung durch den Menschen an Beutestück (Foto 1). Ziel: Der Hund soll Blickkontakt zum Menschen aufnehmen (Foto 2). Danach darf er selbstständig Beute-Sichern bzw. damit spielen (Foto 3).

Besonders in der Junghundphase (4. bis 7. Lebensmonat) sollten Hunde nicht frei laufen, um sich nicht zu verselbstständigen, sondern erst, wenn man ihnen über ein Training mit langer Leine einen kontrollierten Bewegungsradius beigebracht hat.

Kontrolle im Haus (2) und im Eingangsbereich (3) mit eindeutiger Körpersprache und Zeigegesten.

Feldnotizen

Günther Bloch, Banff

Im Sommer 2011 wurden die jungen Wölfe von den Erwachsenen durch ein Touristenauto auf der Straße getrennt. So landeten die Erwachsenen auf der linken Seite der Straße, die Schnösel rannten konfus auf der rechten Seite herum. Nachdem der Autofahrer weg war, kam Spirit auf die Straße und heulte, um mit dem Nachwuchs Kontakt aufzunehmen. Der heulte auf der anderen Straßenseite zurück. Der Wolf lief zur anderen Straßenseite, legte sich auf eine kleine Anhöhe und heulte nochmals. Daraufhin kamen die Schnösel vorsichtig aus dem Gebüsch und wollten Papa enthusiastisch begrüßen. Wer jetzt erwartet hätte, dass Jubelfeiern ausbrechen, der irrt sich. Papa Spirit drohte zweimal kurz und streng (Drohmimik). Schnösel hatten damit nicht gerechnet. Spirit stand auf und ging, die Jungen zogen schleimig hinterher. Fazit: Einerseits die Verantwortung den Jungen gegenüber: Heulen, Suchen, Kontakt aufnehmen. Andererseits den Führungsanspruch deutlich zu machen, das Leben geht dann ganz normal weiter.

Elli Radinger, Yellowstone

Wolfseltern vermitteln ihrem Nachwuchs stets einen wohldosierten Spagat zwischen grundsätzlicher Gutmütigkeit und Freiraumbeschränkungen, geselligem Beisammensein und Grenzen setzen.

Die Lamar-Wolfsschnösel hatten eine leere Plastik-Wasserflasche gefunden. Wie meine Hündin bissen sie begeistert hinein und waren entzückt, wenn es ordentlich knackte. Es begann ein heftiges Tauziehen und Nachlaufspielen mit der Flasche. Mama schaute kurz hinüber, sah, dass die Kleinen beschäftigt waren, und legte sich wieder hin. Als die Schnösel gut aufgelegt zurückkamen, schienen die Jährlinge die Gruppenregeln neu definieren zu wollen. Sie drückten die Schnösel auf den Boden, woraufhin die Erwachsenen ihrerseits die Jährlinge runterdrückten. So brachten die Eltern nach dem Übermut des Spiels dem überdrehten Nachwuchs noch einmal die Familienregeln bei.

Sind wir wirklich klüger als unser Hund?

Glaubt man populären Fernsehshows, reduziert sich der Begriff „Intelligenz" nur darauf, wie schnell der Hund ein Leckerli findet oder ob er Gegenstände beim Namen kennt und zuordnen kann. Da stellt sich natürlich die Frage, was man unter „Intelligenz" verstehen will?

Ethologen wie Marc Bekoff (2009) definieren Intelligenz als „Anhäufung spezieller Fähigkeiten, die sich als Reaktion auf eine bestimmte Umwelt entwickelt haben und die Individuen erlauben, mit einem flexiblen Verhalten auf bestimmte Umstände zu reagieren". Diese eher weit gefasste Definition ist beabsichtigt, weil Intelligenz weder eine einzige, spezielle Fähigkeit ist, noch zwischen verschiedenen oder sogar innerhalb einer einzigen Spezies verglichen werden kann. Unserer Ansicht nach erübrigen sich also die üblichen und beim Fernsehpublikum so geschätzten Spielchen wie „Sind Katzen intelligenter als Hunde?". Zum Thema führt Bekoff weiter aus: „Wie gut passt sich ein Individuum seinem besonderen Umfeld an? (...) Es gibt keine generelle Intelligenz und sie ist auch nicht eine universelle, messbare Einheit."

Ist ein verfressener Rottweiler zwangsläufig intelligenter als ein futtermäkeliger Wippet? Mitnichten. Beides sind Spezialisten, jeder auf seine Art. Während der Rottweiler effektiver Haus und Hof verteidigt, fängt der Wippet schneller Kleinbeutetiere. Wer seinen „Rotti" verhaltensbiologisch wertschätzt, freut sich darüber, wenn der sich (jederzeit kontrollierbar) in ausdrucksvoller Alarmstimmung zur Schau stellt. Ein Wippet, der sich eines vergammelten Knochens erinnert und ihn wieder ausgräbt, mag ein „Iiih- Pfui" akustisch zur Kenntnis nehmen, überzeugen wird es ihn nicht.

Wir wollen weder jemandem auf den Schlips treten, noch die Begeisterung um hundliche Fähigkeiten mindern. Wir müssen jedoch die essenziell notwendige Gegenfrage stellen: Sollte nicht der *Hundehalter* die Klugheit aufbringen, seinen Sozialkumpan „kanidengerecht-intelligent" durchs Leben zu führen? Warum? Weil Hundeartige nachweislich fünf verschiedene Intelligenzformen besitzen. Das sollten wir alleine schon aufgrund unserer größeren Gehirnkapazität auch tun und auf unser geistiges Potenzial zurückgreifen. Unsere Vierbeiner bewundern in erster Linie Autoritäten, die wissen, was sie tun, und „den gemeinsamen Laden im Griff haben". Darum können wir jedem Hundehalter nur anraten, sich zumindest grundsätzlich ein paar ernsthafte Gedanken zu den unterschiedlichen Intelligenzformen zu machen und Intelligenz nicht nur auf Hütchenspiele zu beschränken.

Soziale Intelligenz

Soziale Intelligenz ist nicht angeboren. Sie entsteht vielmehr durch den Aufbau von Beißhemmung. Erst das eröffnet viele Möglichkeiten zum sozialen Lernen. Wer weiß, mit wem er es zu tun hat und wie er auf dessen Eigenschaften reagieren muss, verfügt Schritt für Schritt über mehr soziale Intelligenz. In diesem Zusammenhang versichern wir vor allem verunsicherten Hundebesitzern nochmals, dass wohldosierte Abbruchsignale weder Vertrauen noch Bindung zerstören. Dies konnten beispielsweise in jüngster Zeit die Biologinnen K. Talacek (2005), S. Fischer (2006) oder M. Fengler (2009) nacheinander wissenschaftlich belegen. Alle unsere Hunde lernen soziale Regeln über Erfolg und Misserfolg, um in einem sozialen System integriert zu sein. Damit sie schon während der Sozialisationsphase viel Gelegenheit zur geistigen Förderung erhalten, ist es eine gute Idee, unsere Interaktionen mit ihnen über Rituale einzuüben. Wie wir sowohl für sozialen Halt als auch für ein gefestigtes Zugehörigkeitsgefühl sorgen können, erklären wir später (siehe S. 150).

Was bedeutet das für mich als Hundehalter?

Abseits jeglichen Dominanzgeredes wissen wir als sozial intelligente Menschen längst, dass wir unsere Hunde täglich streicheln, in den Arm nehmen und mit ihnen spielen sollten. So liefern wir zukunftsfähige Verlässlichkeit und agieren in schwierigen Situationen, statt ständig nur darauf zu reagieren. Grenzenlose Freiheit ist für Hunde ein Zeichen von Anarchie. Wie soll ein Mensch-Hund-Team jemals eine sozialverträgliche Zukunft haben, wenn es ein ungezügelter Vierbeiner gleichzeitig ruiniert? Unsere Aufgabe als sozial intelligenter Hundebesitzer ist es, einerseits zwar Tabus deutlich zu machen, andererseits verhaltensbiologisch verfügbar zu sein, indem wir mit unseren Hunden sowohl Hobbys als auch die kleinen Freuden und Sorgen des Alltags teilen. Bei sensiblen Hunden reicht mitunter als Abbruchsignal ein deutliches Händeklatschen aus (siehe Foto rechts unten).

Shira stört den Ablauf beim Schreiben. Ich setze ihr Grenzen, indem ich darauf bestehe, dass sie unter meinem Schreibtisch Platz nimmt (oben).

Emotionale Intelligenz

Diese Intelligenzform entwickelt sich durch viel Wissen über die emotionalen Eigenschaften und Verhaltensreaktionen *aller* Sozialpartner. Hunde sind es gewohnt, genau hinzuschauen. So lernen sie „positive" *und* „negative" Emotionen zu bewerten. Ob Freude, Einsamkeit, Hilflosigkeit oder Verärgerung – Hunde greifen unsere emotionalen Stimmungen auf und prüfen sie genau. Der Hund ist der beste Menschenkenner in der Tierwelt. Nicht einmal Primaten schaffen es, die Gesichter von Menschen auf Fotos auszuwerten. (Bodderas 2011) Zeigt man Hunden Fotos von Menschen und anderen Hunden, dann schauen sie sich diese aufmerksam an. Erkennen sie ein Gesicht, lassen sie es rasch links liegen – um sich mit den Porträts von Menschen und Hunden zu beschäftigen, die ihnen weniger bekannt vorkommen. Die sind offensichtlich interessanter. Wir als emotional intelligente Hundehalter wissen, dass die Verhaltensstrategien unserer Hunde je nach vorhandener Stimmungslage stark variieren: von Freundlichkeit, über Albernheit, Clownhaftigkeit oder Drohverhalten bis hin zur Vortäuschung, Unterwürfigkeit oder Beschwichtigung.

Der Unterstellung, der Hund verhielte sich trotzig-unerzogen, um aktiv die Aufmerksamkeit von uns einzufordern, entgegnen die Psychologen Rolf und Madeleine Franck (2011): „Dies ist ein menschliches Denkmodell und weit entfernt von der emotionalen Reaktion des Hundes. Hunde verhalten sich immer so, wie es sich für sie gut anfühlt. Auch von uns unerwünschte Verhaltensweisen zeigen sie, weil sie sich dabei gut fühlen." Dem können wir nur zustimmen.

Zuwendung darf nur dann erfolgen, wenn der Hund emotional entspannt ist und nicht wie hier in deutlich gestresstem Zustand.

Was bedeutet das für mich als Hundehalter?

Wenn der Hund *insgesamt* mental ausgeglichen ist, darf sich der Mensch eines wahren Freundes erfreuen (Millan 2006). Diese Feststellung verpflichtet uns zu einer, der jeweiligen Persönlichkeit angepassten Auslastung des Hundes. Kopfarbeit ist gefragt. Mentale Ausgeglichenheit ist außerdem das Gegenteil von geförderter Hilflosigkeit. Wir emotional intelligenten Hundebesitzer unterlassen es, unsere vierbeinigen Sozialpartner an die „emotionale Kette" zu legen. Selbstbeschränkung kann auch eine Tugend sein. Das ist die konsequente Fortsetzung einer nüchternen Analyse, gerade dann, wenn sich der Hund in einem extremen Erregungszustand befindet, den der Mensch anhand des Ausdrucksverhaltens des Hundes erkennen sollte.

Kollektive Intelligenz

Unsere Beobachtungen zeigen, dass die Lernerfahrungen unserer Leitwölfe für alle in einer sozialen Gruppe lebenden Mitglieder besondere Maßstäbe setzen. Kollektives Lernen ist dort am höchsten, wo sozial einschätzbare Strukturen vorherrschen, wo man sich umeinander kümmert, trotz allem individuellen Wettbewerbsstreben zusammenarbeitet und – wolfsspezifisch – gemeinsam Nahrungsvorräte anlegt.

Im sozialen Bereich ist nicht nur ein Einzelner verantwortlich. Vielmehr werden kollektiv „familiäre Richtlinien" vermittelt. Alles dient der Herstellung einer Gruppenharmonie. Sozialfreundliche Gesten überwiegen bei Weitem. Für eine grundlegende kollektive Verhaltensausrichtung ist ein flexibel, effizient vorgelebter Wissensvorsprung von Alttieren wichtig – bei der ge-

Wenn Kinder mit Hunden, unter genauer Beobachtung von Erwachsenen, von klein auf zusammen aufwachsen, lernen sie gemeinsam sozial interessiertes Zusammensein.

Beim nachbarschaftlichen Streit am Zaun fixiert diese Dogge einen „Konkurrenten" (nicht im Bild) schon deshalb, weil sein Besitzer sich mit dem Nachbarn aggressiv auseinandersetzt.

meinsam organisierten Revierverteidigung, der Vermittlung spezieller Feindbilder und bei der Ressourcenkontrolle gegenüber Nahrungskonkurrenten.

Aus gemeinsamen Handlungen entwickeln sich kollektive Lernprozesse, die wiederum in einzigartige Familientraditionen münden.

Was bedeutet das für mich als Hundehalter?

Wie intelligent die Methoden der Streitkultur innerhalb der eigenen Familie auch sein mögen – ein Grundproblem bleibt bestehen: Jede Auseinandersetzung hat Auswirkungen auf die vierbeinigen Familienmitglieder, besonders auf Junghunde. Um Verhaltensfehlentwicklungen zu verhindern, sollten wir uns als kollektiv intelligenter Hundebesitzer mit dem Gedanken anfreunden, aggressive Grundstimmungen möglichst auf ein Minimum zu begrenzen und zwar überall: untereinander, gegenüber dem „territorialen" Nachbarn, beim Autofahren. Dadurch sinkt nicht nur der allgemeine Aggressionslevel, es bleibt auch mehr Zeit übrig, unserem Hund langfristig bindende soziobiologische Inhalte kompetent zu vermitteln. Ansonsten bewirken falsch vorgelebte „Aggressionsvorgaben" beim Hund einen Rückkoppelungsprozess. Aus seiner Sicht kann es sich dann nur um eine aggressiv gestimmte „Familientradition" handeln, die es zu pflegen und zu bewahren gilt. Außerdem kann es auch nicht schaden, uns ein wenig in Sanftmut zu üben.

Umweltintelligenz

Kreativität bei der Erkundung setzt ebenso umweltintelligente Fähigkeiten voraus wie die Reaktion auf Lebensraumveränderungen. Die Einprägung von „kognitiven Landkarten", Revierabschnitten und „familienspezifischen" Wegenetzen wird unter Wölfen von Generation zu Generation weitergereicht. Nach U. Gansloßer (2007) ist Kognition die Art, wie das Verhalten von Tieren durch Lernen, Gedächtnis und Denken beeinflusst und gesteuert wird. Egal, ob Jung von Alt lernt, wo genau man eine Straße gefahrlos überquert, einen Fluss durchschwimmt oder Beute macht – der Nachwuchs speichert alle umwelt- und nahrungsprägenden Verhaltensverknüpfungen im Gehirn. Unwiderruflich. So lernen Jungwölfe, Abkürzungen zu laufen, die Familie nach einer Trennung wiederzufinden, beziehungsweise ganz bestimmte Beuteduftstoffe zu bevorzugen. Auch die Lernprozesse von Hunden beruhen nach B. Hare (2002) vielfach auf Einsicht, Vorausplanung, episodischem Gedächtnis und Verallgemeinerungen.

Was bedeutet das für mich als Hundehalter?

Ohne Ortskundigkeit keine Umweltkenntnisse. Gruppenleiter, die sich im eigenen Revier nicht zurechtfinden, müssen Hunden suspekt vorkommen. Zum einen, weil solche Hundebesitzer ihre eigene konfuse Verfassung durch „Stressgerüche" offen preisgeben, zum anderen, weil sie irgendwelche planlosen Richtungswechsel vorgeben, ohne richtig zu wissen, wo sie gerade sind. Als umweltintelligenter Halter kann man beispielsweise geplante Spaziergänge und

Routinespaziergang von Mensch und Hund zur Schaffung von umweltprägenden Kenntnissen.

Wanderrouten vorher ablaufen oder abfahren, bevor man den Hund mitnimmt, und sich notfalls mit einem GPS-Gerät bewaffnen. Aufgrund unserer eigenen Erfahrungen hat sich als sinnvoll herausgestellt, junge Hunde mit revierspezifischen Geruchsreizen vertraut machen zu lassen, indem wir mit unseren Hunden *mindestens* sechs Monate lang vom Haus oder demselben Parkplatz aus spazieren gegangen sind. Diese angeblich „monotone", aus Hundesicht jedoch zielführende kognitive Umweltprägung im Grenzbereich Kernrevier (Garten nebst näherer Umgebung) und Außenrevier (= Etablierung von festen Spazierwegen) hat den Vorteil, dass „stiften gegangene" Hunde jederzeit wieder nach Hause finden (siehe Foto unten).

Mein [Radinger] eigenes Versagen als umweltintelligente Leitfigur erlebte ich diesen Sommer bei einer Wanderung mit meiner Shira in den heimischen Wäldern. „Wir probieren heute mal eine Abkürzung", beschloss ich – und tauchte fünf Stunden später zwanzig Kilometer von meinem Ausgangspunkt entfernt wieder auf. Ich hatte mich verlaufen! Vor der eigenen Haustür; und das ohne GPS und Handy. Dennoch blieb ich die ganze Zeit cool und gelassen, und meine Shira freute sich über diesen unerwartet langen Gassigang. Auch Leittiere sind nicht perfekt.

Wie der Wolf, so merkt sich auch der Hund die ihm vertraute Geruchswelt seines Kernreviers am besten und nachhaltigsten im Jugendalter.

Zum Thema „Tricks für Hunde" und geistreiche Beschäftigung gibt es ein reichhaltiges Literaturangebot.

Technische Intelligenz

Diese Form von Intelligenz bedeutet vereinfacht ausgedrückt: Lernen am Objekt. Voraussetzung sind Innovations- und Experimentierfreude, die persönlichkeitsabhängig unterschiedlich ausgeprägt ist (siehe Seite 101). Jungwölfe greifen bei der Bewältigung von technischen Problemen auf unterschiedliche Verhaltensstrategien zurück. Eine davon ist, die Hilfe von erfahrenen Alttieren in die eigenen Handlungen miteinzubeziehen (z.B. beim Schaffen von Schlupflöchern in Zäunen). Eine andere, die Aktionen der Alten einfach zu kopieren (z.B. beim Wegräumen von Objekten, die Nahrungsquellen blockieren). Obendrein werden Spielobjekte wie Fell- oder Geweihstücke von Beutetieren, Stofflappen, ja sogar Teile von Autoreifen in vertrauten Depots versteckt, mit Laub oder Erde aufwendig zugedeckt *und* wieder gefunden. „Tauschgeschäfte" sind in Kanidenkreisen an der Tagesordnung.

Was bedeutet das für mich als Hundehalter?

Haushunde haben im gemeinsamen Leben mit uns eine erstaunliche Intelligenz des sogenannten „fast mapping" entwickelt. Das bedeutet nichts anderes als ein genaues Zuordnen von Objekten mit Begriffen. Als technisch intelligente Hundehalter stellen wir unseren Vierbeinern hin und wieder „knifflige" Aufgaben, die diese lösen müssen. Hier sind unserem Ideenreichtum keine Grenzen gesetzt. Wir können uns z.B. gezielt geeignete Objekte wie Pantoffel, eine Zeitungsrolle oder ein Handy bringen lassen oder unterwegs im Revier Futter oder Ersatzbeuteobjekte verstecken.

Persönlichkeitscharakteristisches, abwartendes Beobachtungsliegen unserer (Bloch) B-Typ-Hündin „Raissa".

Wer ist wer: Leisetreter oder Kontrollfreak?

Ob wir den kleinen Exkurs in Sachen Intelligenz in unseren Alltag integrieren, sagt eine ganze Menge über uns selbst aus. Manchmal sind wir so sehr in unserer eigenen Welt gefangen, dass wir die Realität vergessen. Dennoch sollten wir typische Persönlichkeitseigenschaften unserer Hunde aus dem Effeff kennen. Nicht nur wir Menschen sind einzigartige Individuen, sondern auch unsere Hunde. Wie viel – oder besser wie wenig – diese Einsicht in Wirklichkeit zählt, zeigt die zum Teil unsinnige Gleichmacherei in druckfertigen „Therapieplänen", schlimmstenfalls irgendwo in einem Büro erstellt, ohne weder das soziale Umfeld noch den heimischen Lebensraum des Hundes jemals in Augenschein zu nehmen. Solcherart „Therapien" sind die reine Geldmacherei.

Dieselben Menschen, die individuelle Erziehungsmodelle anmahnen, bieten oft nur standardisierte Gehorsamsübungen an. D. Feddersen-Petersen (2005) nennt dies „lerntheoretische, mehr oder weniger subjektiv variierte Fingerübungen". Der unvergessene Prof. Hans Räber (1990) sprach schon vor etlichen Jahren von der „Linksrum-Rechtsrum-Kynologie". Andererseits übertreiben es einige von uns mit dem Eifer, jede „Persönlichkeit Hund" eindeutig bestimmen zu wollen. Logisch, über Argumente haben Hundeleute auch untereinander schon immer gestritten.

A- und B-Typen

Aber egal, ob wir es mit Glauben oder nüchterner Analyse begründen: Unterm Strich ist es gar nicht so ineffektiv, sich nochmals eines alten verhaltensbiologischen Konzepts zu erinnern, des sogenannten „bold & shy type models". Folgerichtig schlagen wir vor, bereits Welpen in zwei tendenziell *grundverschiedene* Persönlichkeitscharaktere einzuteilen. A-Typen verhalten sich eher extrovertiert. Sie wollen sinnbildlich mit dem Kopf durch die Wand. Derartige „Kontrollettis" sind normalerweise recht fröhliche Kandidaten, aber anstrengend. Zumindest, solange sie alles in ihrem Sinne regeln können. Wenn nicht, werden sie konfus und „schreien" nach Hilfe.

Ganz anders der B-Typ. Dessen prinzipielle Lebenseinstellung liegt viel mehr in vornehmer Zurückhaltung begründet. Introvertierte Charaktere warten erst einmal ruhig ab, was als Nächstes passiert. Selbst B-Typen, die nach unserem Verständnis einfach nur weniger temperamentvoll sind, offenbaren bei näherem Hinschauen charakterbedingte *Grundeigenschaften*, die wir auch von uns kennen: Sie neigen zu einer gewissen Scheu.

Der Grundcharakter bleibt

Uns hat die Erkenntnis, ob wir es beim Hund im Groben mit einem (geschlechtsunabhängig) *direkten* Typ oder mehr *indirekten* Typ zu tun haben, so manches Mal ungemein weitergeholfen. Allerdings gibt es auch Kritiker dieser Methode, die argumentieren, Grundcharaktere könnten sich jederzeit verändern. Dabei ist uns allen – Taktik hin oder her – freilich bewusst, dass unser eigener Grundcharakter bei allen gegenteiligen Bemühungen letzten Endes immer wieder zum Vorschein kommt. Niemand wird deshalb – so hoffen wir – infrage stellen, dass es sich bei dem Spruch „Schatz, ich ändere mich" um nichts anderes als um eine gewohnheitsmäßig wiederholte Floskel handelt.

Die Realität ist: Wir können langfristig gesehen aus unserer Haut einfach nicht heraus. Die Charakterunterschiede von Hunden kommen menschlichen Mustern sehr nahe. Da auch wir eine erkennbare Grundpersönlichkeit haben, sollten wir uns selbst etwas genauer unter die Lupe nehmen. In Bezug auf die Haltungsbedingungen von Hunden, bei der Klärung von Besitzansprüchen und im Hunde-Leistungssport setzen wir unsere Interessen durch, nicht selten auf Kosten unserer Schutzbefohlenen. Krasse Fehlentwicklungen können wir Menschen von vornherein vermeiden, indem wir ein wenig Selbstreflektion wagen. Nebenbei erwähnt ist A keineswegs gleichbedeutend mit „Alpha" und B nicht gleich „Beta". Nach unseren eigenen methodischen Untersuchungen an Wölfen und verwilderten Haushunden war die Chefetage fast immer aus einer Kombination aus A- und B-Typen besetzt (Bloch 2007).

Manchmal kommt es anders ...

Manchmal kommt es im Zusammenleben von Mensch und Hund anders als geplant. Ich [Bloch] definiere mich und meinen Hund Timber frank und frei als gewöhnungsbedürftigen aber auch gut einschätzbaren A-Typ. Am Ende bleibt für uns beide die Einsicht, unsere große Liebe zu viel Ak-

tivität so oft es geht gemeinsam zu gestalten (z.B. häufige Treffen mit „Hundeleuten"). Bei der praktischen Umsetzung *meines* Erziehungsauftrags hilft es nicht, herumzujammern, sondern – auch wenn es schwer fällt – meinem Hund zwischenzeitlich durch ganz gezielte Übungen einen ausgeglichenen Gemütszustand zu verordnen (siehe Fotos links).

Meine Frau Karin sowie unsere Hündin Raissa sind dem B-Typ zuzuordnen. Beide neigen zur Gemütlichkeit und sitzen – wie Merkel und Kohl – am liebsten alles aus. An dieser Grundeinstellung etwas ändern zu wollen, ist vollkommen utopisch. Ebenso schwer umsetzbar ist die theoretisch denkbare Idee, scheue Hundeindividuen (insbesondere verunsicherte, verängstigte Straßenhunde des „Seelchentyps") offensiv mit „Liebe" zu überschütten. Also muss man sich wohl oder übel mehr Zeit nehmen, um Verfeinerungen im Kontaktverhalten vor allem mit unsicheren Hundetypen regelrecht zu erarbeiten. Im Sinne von Cesar Milan (2006) überspringt man diese schwere Hürde am effektivsten mithilfe von drei Hauptkriterien – allerdings immer unter Berücksichtigung der jeweiligen Situation: kein Ansprechen, kein Anfassen, keinen Blickkontakt (siehe Fotos rechts).

Besonders hektische und ungeduldige A-Typen neigen zum Anspringen von Personen und müssen durch Bewegungseinengung lernen, nur dann mit Menschen Kontakt aufzunehmen, wenn sie ruhig sind. Dabei wird der Hund aber nicht per Leinenruck in die Liegeposition „getreten", sondern mittels Leine per Fuss am Boden ruhig fixiert, bis er sich entspannt verhält.

Wer ist wer: Leisetreter oder Kontrollfreak? | 103

Seelchen mögen es nicht, von Fremden fixiert oder gar angefasst zu werden, und reagieren mit Meideverhalten (siehe Foto oben). Deshalb empfiehlt es sich, dem Hund die Gelegenheit zu geben, erst einmal von hinten durch Orientierungswittern selbstständig Kontakt aufnehmen zu dürfen (siehe Foto unten).

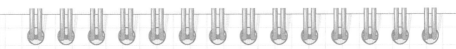

Feldnotizen

Günther Bloch, Banff

Nach zwanzig Jahren Beobachtung kann ich mittlerweile bestätigen, dass im Normalfall die Leittiere aus einer Kombination von A- und B-Typen bestehen. Dieser Ausgleich scheint im sozialen Bereich für den Nachwuchs gut zu sein, der von klein an beide Typen kennen lernt. Auf der anderen Seite hilft mir das Modell (A-/B-Typ) auch, bei der Sterblichkeitsrate zu erkennen, ob eher A- oder B-Typen sterben. Im Gegensatz zu Yellowstone plagen wir uns in Banff leider mit sehr verkehrsintensiven Infrastrukturen herum: einer riesigen Autobahn (Transcanada-Highway) und einer stark frequentierten Eisenbahntrasse (CP-Railway). Jedes Jahr verlieren wir bedauerlicherweise neben etlichen Rehen, Hirschen und Bären leider auch einige Wölfe, die überfahren werden. Interessant ist, welcher Charaktertyp häufiger zu Tode kommt. Diesbezüglich können wir feststellen, dass die scheuen, panisch reagierenden B-Typen häufiger ihr Leben lassen müssen, als die neugierigen A-Typen. Interessant ist aber auch, dass bei den Leittieren die zurückhaltenden Typen versuchen, die forscheren in brenzligen Situationen über gezieltes Heulen regelrecht zurückzuhalten. Ohne dieses gezielte Warnheulen der Leittiere würden die keckeren Tiere vermutlich öfter einmal in ihr Unglück rennen.

Elli Radinger, Yellowstone

Die Lamars in Yellowstone bieten beide zuvor genannten Persönlichkeitstypen zuhauf. Das wird besonders deutlich, wenn sie eine Straße überqueren, an der Touristen und Autos stehen. Die A-Typen tun dies selbstständig, selbstbewusst, zögern nicht und gehen schnurstracks ihren Weg. Die B-Typen hingegen sind nur unter „Androhung von Zwang" bereit, die Straße zu überqueren. Im Mai 2011 versuchte ein erwachsener B-Typ-Wolf die Straße zu überqueren, traute sich aber wegen der vielen Touristen nicht. Als er jedoch zu nahe an eine Kojotenhöhle geriet, schossen die Kojoteneltern hervor und griffen ihn an. Schon irritiert durch die Zweibeiner und nun von den Kojoten mit nervendem Geschrei gejagt und in den Hintern gebissen, gab er Fersengeld, rannte zur Straße, mitten durch die Menschengruppe und weiter in Richtung Höhle. Während ich dies schreibe (Herbst 2011), hat die Wolfsjagd in Montana und Idaho begonnen. Die Wölfe im Nationalpark sind sicher und geschützt. Wandern sie jedoch über die Parkgrenzen hinaus, warten schon die Jäger auf sie. Das Revier der Lamar-Wölfe liegt ganz im Norden. Schon oft sind sie aus dem Park hinausge-laufen. Ich frage mich, ob in dieser Situation nicht B-Typen wie dieser „Angsthase" bessere Überlebenschancen haben …?

Um die Unart „Personen anzuspringen" abzustellen, hilft besonders bei A-Typen ein kleiner Trick: Halten Sie die Vorderpfoten für etwa eine Minute fest, bis es dem Hund sichtlich unangenehm wird (1). Dann lassen sie den Hund los (2) und belohnen ein gezeigtes Alternativverhalten (zum Beispiel Sitzen). Diese Übung ist mit mindestens 5 verschiedenen Personen durchzuführen.

Was bedeutet das für mich als Hundehalter?

Im vorigen Abschnitt haben wir ein basisanalytisches Grundmuster für A- und B-Typen vorgestellt, indem wir grob klassische Verhaltenstendenzen skizziert haben. Beim Vergleich der beiden Grundcharaktere gibt es deutliche Verhaltensschwankungen zu berücksichtigen, die unter anderem auch auf Schicksalsschlägen beruhen können. Dennoch gehen wir davon aus, dass der anschließende Test für eine bessere Typenzuordnung Ihres eigenen Hundes nützlich ist.

Wenn Sie die Mehrheit der nachfolgenden Fragen mit einem klaren Ja beantworten, ist Ihr Hund so gut wie sicher ein A-Typ:

– Ist Ihr Hund besonders erkundungsfreudig, neugierig und versucht beim Kontakt mit Artgenossen, die „Oberhand" zu gewinnen?
– Zieht er ständig an der Leine, wuselt umher von links nach rechts und will immer alles genau untersuchen?
– Würden Sie Ihren Hund als eher wagemutig bezeichnen nach dem Motto: „Immer mitten rein ins Geschehen, egal was als Nächstes passiert?"

– Ist Ihr Hund eher ungeduldig, ein wenig hektisch und neigt bei der Arbeit schnell in Richtung Übermotivation?
– Zeigt sich Ihr Hund schnell überfordert, wenn es mal nicht so läuft, wie er sich das vorgestellt hat?
– Ist Ihr Hund meist agil, ein „Spring-ins-Feld", der schnell gestresst reagiert und den man im wahrsten Sinne des Wortes „runterfahren" muss, damit er wieder aufnahmefähig wird?

Wenn Sie die Mehrheit der nachfolgenden Fragen mit einem klaren Ja beantworten, ist Ihr Hund so gut wie sicher ein B-Typ:
– Würden Sie Ihren Hund eher als schwerfällig bezeichnen, den man schwierig zu großen Aktivitäten motivieren kann?
– Besticht Ihr Hund durch innere Ausgeglichenheit und ein insgesamt ausgewogenes, balanciertes Verhalten?
– Beschaut Ihr Hund die Dinge zunächst in aller Ruhe, bevor er sich zum Handeln entschließt?
– Hält sich Ihr Hund aus Streitigkeiten möglichst heraus, „räumt aber richtig auf", wenn er von einem Artgenossen offensiv angegriffen wird?
– Ist es Ihrem Hund sichtlich unangenehm, „Lautsprecher" zu sein, und zieht er sich lieber diskret zurück?
– Neigt Ihr Hund zu einer gewissen Scheu und mag es nicht, mit jedem gleich in Kontakt treten zu müssen und von jedem betätschelt zu werden?
– Achtet Ihr Hund sehr auf Ihre Zeigegesten, bevor er sich entschließt, darauf einzugehen oder diese in sein Handeln einzubeziehen? (Siehe Fotos links)

Zurückhaltende B-Typen achten sehr genau auf eine Zeigegeste „Komm mit!" (oben). Da sie schwieriger zu motivieren sind, hilft ihnen die Unterstützung durch den Menschen über Zeigegesten, was unsere Hündin „Raissa" oft sogar mit einem Lächeln quittiert (unten).

Wer ist wer: Anführer oder Mitläufer?

Eine interessante Frage, die man auch andersherum in Richtung Mensch stellen könnte, lautet: Basiert die soziale Organisation von gruppenorientierten Säugetieren auf einem „Dreistufenmodell"? Diese Frage können wir bei frei lebenden Wölfen beantworten. Außerdem zeigt die Bilanz aus Vergleichsstudien an Kojote und Goldschakal (Bekoff 1977) sowie am Fuchs (Weber 2006), dass Wildkaniden offenbar schon im frühen Welpenalter eine „Dreiklassengesellschaft" bilden, die aus einem ranghöchsten Individuum, einem Rangniedrigsten und einem sozialen Mittelfeld besteht.

In Letzterem tummeln sich die verständigungsfreudigsten Individuen. Die zeigen nach Ansicht von U. Gansloßer (1998) viel soziales Interesse aneinander und haben im Hinblick auf eine Etablierung von klar umrissenen Dominanzbeziehungen viel Klärungsbedarf. Unter „geselligen Typen" gibt es viele soziale Verhaltensvariationen und ein sehr reges Interaktionsgeschehen *ohne* feste Rangpositionen. Abgesehen davon verbleiben verständigungsfreudige Wolfsindividuen auf jeden Fall mindestens zwei bis drei Jahre, in ihren Gruppen, manchmal sogar deutlich länger (Bloch 2010).

Das ranghöchste Individuum fühlt sich zu „Höherem" berufen. In freier Wildbahn entfernt sich der „Kopftyp" schon im Alter von neun Wochen *dreimal weiter* vom Erdbau als alle anderen Wurfgeschwister. Seine Lebensphilosophie scheint wie die von Udo Lindenberg frühzeitig festzustehen: „Ich mach mein Ding, egal was die anderen sagen." Anführertypen empfinden gemeinsames Kontaktliegen mit Wurfgeschwistern eher als Zumutung. Die meisten Wolfsindividuen mit Anführertalent wandern (statistisch belegbar) bereits im Alter von vierzehn bis zwanzig Monaten ab, um eine eigene Familie gründen zu können (Bloch 2010).

Der rangniedrigste Welpe, ein extrem unterwürfiger Typus, hat ebenfalls wenig Körperkontakte und liegt eigentlich mehr irgendwo abseits der üblichen Pulkbildung. Wir ordnen solche mental schwachen Persönlichkeitscharaktere dem Typ „Seelchen" zu. Diese würden mit ihren Geschwistern liebend gerne spielen, werden jedoch von ihnen viel gemieden. Gerade weil für solche „Schmuddelkinder" in Sachen Gruppenintegration nicht alles zum Besten bestellt ist, wandern sie erfahrungsgemäß schon im Alter von elf bis dreizehn Monaten ab.

Besonders im gemeinsamen Objektspiel zeigen gesellige Hundetypen sehr oft einen Rollentausch, indem sie Beute sogar teilen.

Das rangniedrigste Pipestone-Weibchen Lillian verließ ihre Familie schon im Alter von elf Monaten, was sie fortan dazu zwang, alleine zu jagen.

Prügelknaben – muss das sein?
Ist es daher nicht an der Zeit, das jämmerliche Dasein von künstlich geschaffenen „Langzeit-Omegawölfen" in Zoogehegen zu überdenken? Leider ist die sogenannte Entnahme von „Prügelknaben", die zum Beispiel an der Universität Kiel als selbstverständlich erachtet wurde, eher die rümliche Ausnahme. Begründung: Omegawölfe sind „normal" und „artgerecht". Nein, das sind sie eben nicht. In freier Wildbahn gibt es bei Wölfen nur „zeitlimitierte" Prügelknaben. Bei Kojoten auch, weil (wie beim Wolf) vorwiegend Tiere mit niedrigem Rang abwandern, seien es Jährlinge oder nicht fortpflanzungsfähige Erwachsene (Bekoff 2006).

Feldnotizen

Günther Bloch, Banff

Anscheinend sind die Wildtiermanager von Banff fälschlicherweise der Auffassung, dass sie die Komplexität dieses Ökosystems begreifen. Man kalkuliert in einem Nationalpark, wie viele Hirsche pro Quadratkilometer für die Vegetation akzeptierbar sind. Als Konsequenz werden alle vermeintlich „überzähligen" Hirsche abgeknallt. Unter diesem Missmanagement leiden die Wölfe, weil deren Beutetierverbreitung und Dichte so massiv abgenommen haben, dass sie beim Jagdverhalten immer mehr Risiken eingehen müssen und wir im letzten Sommer erstmalig beobachten und nachweisen konnten, dass sie sogar bis in die alpinen Zonen hinaufwandern mussten, um nunmehr Schneeziegen zu jagen. Da das früher bevorzugte Beutetier Wapiti kaum noch da ist, sind unsere Bowtal-Wölfe nunmehr gezwungen, deutlich mehr variabel und opportunistisch zu jagen und außerdem zusätzlich mehr Kleinbeute zu fressen. Dies ist das erschreckende Ergebnis von sogenanntem Wildlife-Management: Völlig egoistisches Handeln, um das eigene Konzept positiv darzustellen. Darunter leiden vorallem auf sich alleine gestellte „Seelchen-Typen" (siehe Foto S. 108).

Elli Radinger, Yellowstone

Das Leben von Wölfen ist abhängig von ihrer Nahrungsquelle. Im Vergleich zu vielen anderen Wolfsregionen haben es die Wölfe im Norden von Yellowstone leichter. Nur noch ein Drittel der Wapitihirsche wandert im Sommer aus dem Park heraus. Die anderen finden in den Hochtälern des Nationalparks alles an Nahrung, was sie brauchen. Mit ihren Beutetieren vor der Nase wandern auch die Wölfe nicht mehr ab. Viele Forscher sehen im Rückgang der Migration Auswirkungen der globalen Erwärmung und Klimaveränderung. Sie glauben, dass die Abwanderung von Tieren eine Adaption ist. Veränderte Migrationsmuster sind wichtig für unsere Umwelt und unser Ökosystem. Eine kleine Veränderung bei einer Spezies hat Auswirkungen auf viele andere Tierarten wie beispielsweise die Wolfs- und Bärenpopulationen in Yellowstone. Und so habe ich das große Glück, in Yellowstone meist das ganze Jahr über Wölfe beobachten zu können.

Das Dreistufenmodell

Auch wenn man sämtliche Vergleiche Wildkanide-Haushund für unangemessen hält, sind sie für ein allgemeines Verständnis von Persönlichkeitsstrukturen nur konsequent. E. Zimen (1971) schlussfolgerte, bei allen aufgezogenen Pudelwürfen hätte sich unter den Welpen mit etwa sieben Wochen eine Sozialrangordnung nach dem Gewicht der Welpen herausgebildet, die sich danach kaum noch veränderte. Eberhard Trumler unterschied zwischen dem rangniedrigsten Welpen, der stets bestrebt war, irgendwo Anlehnung zu suchen, und dem Ranghöchsten, der sich möglichst nahe bei seinem Vater aufhielt und seine Geschwister von seinem Vorzugsplatz verdrängte. „Er sonnte sich gewissermaßen in der Bedeutung seines Vorbildes", so E. Trumler (1985) wörtlich.

Noch fehlen abschließende Daten, die ein soziales Dreistufenmodell bei allen Hunderassen nachweisen. Marc Bekoff (1977) liefert in Bezug auf die Rasse Beagle, deren Sozialverhalten er lange untersuchte, zweifelsfreie Belege für die Faustregel: Erst Spiel, dann Rangordnung. Auf Anfrage erklärten sich einige wissenshungrige Züchter bereit, insbesondere das Spiel- und Kontaktverhalten der nächsten Welpenwürfe videografisch zu dokumentieren. Eine Doktorarbeit steht an, wissenschaftlich begleitet von Udo Gansloßer. Ob der VDH sich umpositionieren wird, indem er allen in diesem Verband organisierten Hundezüchtern ein methodisch überprüfbares Gesamtkonzept zur Persönlichkeitsdokumentation für Welpen vorschlägt? Das wäre zu begrüßen. Theoretisch könnte man einen Großteil der in der Hundeszene geläufigen Pauschalratschläge in hundetypengerechte Ideen umwandeln. Hier drei einfache Beispiele.

Beispiel 1: Ignorieren

Wer meint, gesellige Hundetypen viel ignorieren zu können, muss wissen, dass das bedeutet, dass ihm die kontaktfreudige Grundeinstellung des Hundes mehr oder weniger egal ist. Ein „Kopfhund" wird durch „aktives" Ignorieren schlecht zu beeindrucken sein, da er dazu tendiert, die Zusammenarbeit mit uns Menschen vorübergehend abzubrechen oder sogar ganz aufzukündigen. Gleichzeitig kommt der

Das Resultat eines langen Ignorierens von „Seelchen" ist eine zunehmende Verwirrung aufgrund fehlender sozialer Unterstützung durch einen Sicherheit vermittelnden Menschen.

Zu den Albernheiten von geselligen Hundetypen gehört häufig auch, sich im Abstand vom Menschen auf den Rücken zu wälzen, anstatt zu kommen.

„universelle" Ratschlag zum Ignorieren bei niederrangigen „Seelchen" so an, dass sie sich sozial isoliert fühlen, zum Außenseiter abgestempelt (siehe Foto links). Das Resultat ist eine zunehmende Verwirrung aufgrund fehlender sozialer Unterstützung durch einen Sicherheit vermittelnden Menschen.

Beispiel 2: Vertreiben durch soziale Ausgrenzung

Wenn Sie einen tiefrangigen Hund haben, der auf einem Spaziergang abhaut und dann anschließend zu seinem Besitzer zurückkommt, erzielt ein kurzzeitiges Wegschicken rein subjektiv mitunter die erwünschte Wirkung. Allerdings bedeutet eine solche soziale Ausgrenzung sehr viel Stress. Insofern hält er fortan engeren Kontakt. Die gleiche Methode wird vom Kopfhund aber übersetzt mit: „Na prima, dann bleibe ich eben noch mal weg. Ich bin schließlich selbstbewusst genug. Bis irgendwann später!" Auch gesellige Tiere sind nicht unbedingt traumatisiert, wenn sie weggeschickt werden. Sie fassen die Anwendung dieses „Erziehungsgeheimtipps" als Spielangebot auf, antworten mit Albernheiten, freudigem Herumgehopse. Näher herankommen, damit man sie an die Leine nehmen kann, werden die meisten trotzdem nicht (siehe Foto oben).

Selbstbewusste Kopfhundetypen lassen sich begrüßen und erwarten unterwürfige Bekundungen von anderen Hunden, vor allem, wenn es sich um ein Jungtier wie Timber handelt.

Beispiel 3: Begrüßung oder nicht?
Gesellige Hunde sollten wir lächelnd begrüßen. Sie laufen einem heimkehrenden Besitzer in der Regel ohnehin freudestrahlend entgegen. Kopfhunde dagegen stehen meist von ihrem Ruheplatz noch nicht einmal auf und verhalten sich nach einer Trennung von ihrem menschlichen Bindungspartner passiv. Hier ist ein kurzes „Hallo" angebracht, bevor man wieder zur Tagesordnung übergeht. Seelchen tendieren zu übermäßiger Unruhe. Kommt ihr Halter zurück, wird er sehr intensiv, anfangs geradezu hysterisch begrüßt. Ein gleichzeitiges Urinieren ist für sie fast schon „normal". Solche direkten Folgen nehmen viele Besitzer durch ihre übermäßige Begrüßungsbegeisterung nicht nur in Kauf, nein, sie fördern es sogar. Vernünftiger wäre, unterwürfige Hundetypen ruhig am Halsband zu greifen, hinlegen zu lassen und so lange ruhig festzuhalten, bis sie sich in einem mental entspannten Zustand befinden, der dann erst belohnt wird.

Was bedeutet das für mich als Hundehalter?
Im Prinzip laufen uns Vertreter der drei Grundcharaktere direkt oder indirekt jeden Tag über den Weg. Wer nun versucht, sich als Persönlichkeitsanalytiker zu beweisen, sollte dabei nicht vergessen: Alle drei, insgesamt facettenreichen Charaktertypen bei-

Wenn ihnen gesellige Hundetypen wie Timber (links) beim Interagieren zu aufdringlich sind, zeigen Ranghohe sehr schnell klares Drohverhalten (rechts).

derlei Geschlechts können introvertiert oder extrovertiert sein, sich mehr oder weniger agil verhalten und je nach Lebenssituation und individuellen Erfahrungswerten zwischenzeitliche Verunsicherung zeigen.

Das heißt, nur genaue Beobachtung von Intentionen, genaues Wahrnehmen von Motivationen statt flüchtiges Hinschauen über mehrere Tage produziert gewisse Verhaltenseinsichten, um den jeweiligen Grundcharakter eines Hundes einschätzen zu können. Aus der Nähe besehen ist für „schillernde Persönlichkeiten" des Kalibers „Kopfhund" eine andere Herangehensweise gefordert als für gesellige oder unterwürfige Hausgenossen.

Hier wieder ein grober Leitfaden, eine kleine Anregung, welchem Charaktertyp Sie Ihren eigenen Hund zumindest in der Grundausrichtung zuordnen können.

Wenn Sie die Mehrheit der nachfolgenden Fragen mit einem klaren Ja beantworten, ist Ihr Hund so gut wie sicher ein geselliger Typ.
– Ist Ihr Hund sehr verspielt und möchte beim Spazierengehen oder auf der Hundewiese am liebsten zu jedem Artgenossen hinlaufen, um mit ihm herumzutoben?
– Ist Ihr Hund generell kontaktfreudig, möchte jeden begrüßen und oft und viel mit Menschen und/oder Hunden zeitintensiv und nuanciert interagieren?

Auch gesellige Hundetypen, die sich nicht oder kaum kennen, zeigen häufig Kontaktfreudigkeit ohne Einforderung von Individualdistanz oder viel Drohverhalten zu zeigen.

Kopfhund Ridgeback fordert Individualdistanz von einem verunsicherten Schäferhund (rechts), der sich an seinem Frauchen zwecks Schutzvermittlung orientiert.

– Liebt Ihr Hund es, wenn Sie sich zuhause viel auf ihn einlassen, wenn er „gesellig wahrgenommen" wird, und versucht er so viel Körperkontakt aufzunehmen wie irgend möglich?
– Verhält sich Ihr Hund trotz gelegentlichen Alarmbellens wenig territorial und sieht Besuch als willkommene Ablenkung, mit der man sich spielerisch prima beschäftigen kann?
– Ist Ihr Hund an gemeinsamen Aktivitäten interessiert und zeigt eine grundsätzlich hohe Motivation zur Zusammenarbeit?

Wenn Sie die Mehrheit der nachfolgenden Fragen mit einem klaren Ja beantworten, ist Ihr Hund so gut wie sicher ein Anführer-Typ.

– Zeigt Ihr Hund kaum Interesse am lockeren Spiel mit Artgenossen, sondern fordert von ihnen stattdessen eher eine gewisse Individualdistanz ein?
– Zeigt Ihr Hund wenig Ambitionen, am allgemeinen Gruppengeschehen teilzunehmen, sondert sich lieber ab und schreitet förmlich selbstdarstellend seinen eigenen Weg?
– Handelt Ihr Hund sehr eigenständig, tritt ein wenig unnahbar auf und stellt sich insgesamt sehr selbstbewusst und sicher dar?
– Würden Sie Ihren Hund eher als mental stark bezeichnen, schwer zu beeindrucken und im Haus eher majestätisch-einfordernd?

– Verhält sich Ihr Hund hartnäckig, wenn Sie ihm eine neue Aufgabe stellen, und arbeitet er so lange an dem ihm gestellten „Problem", bis er es gelöst hat?

Wenn Sie die Mehrheit der nachfolgenden Fragen mit einem klaren Ja beantworten, ist Ihr Hund so gut wie sicher ein Seelchen-Typ.

– Würden Sie Ihren Hund als sensibles, mentales schwaches Tier bezeichnen, das eine direkte Kontaktaufnahme eher scheut?
– Verhält sich Ihr Hund eher vorsichtig und abwartend, bevor er – wenn überhaupt – sich mit Artgenossen auf ein ausgelassenes Sozialspiel einlässt?
– Neigt Ihr Hund in einer bedrängten Situation tendenziell dazu, die Flucht zu ergreifen, beziehungsweise defensives Abwehrschnappen zu zeigen?
– Sieht Ihr Hund sein Zuhause und Ihr Auto als sicheres Rückzugsrefugium an, veranstaltet aber ein „Riesentheater", wenn Fremde zu Besuch kommen respektive ins Auto steigen wollen?
– Verhält sich Ihr Hund wenig hartnäckig, wenn Sie ihm eine neue Aufgabe stellen, und verliert er schnell sein Interesse, wenn er keinen schnellen Erfolg hat?

Anstatt Seelchen-Typen körpersprachlich zu massiv zu bedrängen, was sie oft mit Drohverhalten quittieren (links), ist es sinnvoller, sich ihnen erst einmal rückwärts zu nähern und sie dann an der Leine von der Fremdperson spazieren führen zu lassen, auch wenn sie anfangs skeptisch bleiben (rechts).

Vom Seelenverwandten bis zum Experten

Wir Menschen möchten gerne einzigartig sein, individuelle Persönlichkeiten. Im Grunde sind wir das auch. Ausgestattet mit einem Hirn, dreimal so groß wie das von Schimpansen und mit einem komplexen Sozialverhalten, haben wir Menschen die Fähigkeit zur Selbsterkenntnis und Solidarität, zur Versöhnungsbereitschaft nach einer kämpferischen Auseinandersetzung und zu Empathie. Auf der anderen Seite wird bei Menschen und Schimpansen auch immer wieder deren „hässliche Fratze" sichtbar, ihre Ich-Bezogenheit und Rücksichtslosigkeit, ihr Egoismus und ihre Intoleranz. Und wie war das bei uns Menschen mit der Individualität? So mancher von uns pilgert herdentriebartig zu den merkwürdigsten Gurus, sucht sein Heil in religiösem oder patriotischem Massenfanatismus oder besucht kollektive Selbstfindungsgruppen. Wie passt das alles zusammen? Wer sind wir, wer wollen wir sein? Bessere Menschen vielleicht?

Wer das möchte, dem kann geholfen werden. Eine Studie unter der Leitung von Britta K. Hölzel (2011) an der medizinischen Fakultät der Universität von Massachusetts fand heraus, dass sich bei Menschen, die acht Wochen lang täglich eine halbe Stunde „Achtsamkeits-Meditation" praktizierten, die Gehirnteile, die in Verbindung mit Erinnerung, Selbstwertgefühl, Empathie und Stress stehen, deutlich verändern. Menschen, die vorher noch nie meditiert hatten, waren am Ende dieser acht Wochen nicht nur deutlich freundlicher und einfühlsamer zu ihren Mitmenschen, sondern auch bereit, in jedem Umfang mehr zu geben (Spenden, Hilfe und Ähnliches).

Wir Menschen können schon ganz schön kompliziert sein! Kurzum: Jeder, der sich mit der Beziehung Mensch-Hund beschäftigt, wird sich zwangsläufig mit der Menschenpsyche beschäftigen müssen, besonders wenn es darum geht, Strategien gegen ein vermeintliches „Hundeproblem" zu entwickeln. Während der individuell-analytische Beratungscharakter im Gespräch mit Hundehaltern selbstverständlich nach wie vor im Vordergrund stehen muss, stoßen wir nach einer ersten groben Verhaltensanalyse tatsächlich auf bestimmte „Menschentypen" mit immer wiederkehrenden *Verhaltensmustern*. Das halten wir doch für sehr interessant.

In diesem Zusammenhang hat beispielsweise der amerikanische Tierschutzverein ASPCA vor einigen Jahren das „Meet Your MatchTM"-Programm ins Leben gerufen, das mittlerweile von zahlreichen Tierheimen und Hundetrainern adoptiert wurde. Dabei werden Mensch und Hund verschiedenen Tests unterzogen und nach einem methodisch standardisierten Analyseverfahren entsprechenden Persönlichkeitstypen zugeordnet. Diese „unkonventionelle Methode", die sicherlich darauf bedacht ist, voreilige Interpretationen zu vermeiden, die aber trotzdem garantiert viele Skeptiker auf den Plan rufen wird, hat in Nordamerika seit über zwölf Jahren geholfen, Tierheimhunde langfristig mit den passenden Besitzern zusammenzubringen, und Menschen offenbar bewusster gemacht, zu welchem von acht Grundcharaktertypen sie *eher tendieren*. Es sei dahingestellt, ob sich jeder Hundebesitzer in dieser Auflistung wiederfindet, vielleicht ja gar nicht. Aber einen Versuch ist es allemal wert, zu schauen, welcher Typ man in der Grundausrichtung sein *könnte*.

Menschen vom Typ „Seelenverwandter" oder „Engel" lassen sich oft von Kopfhundtypen durch die Landschaft zerren und vermitteln somit keinerlei Führungsqualitäten.

Der Seelenverwandte

Er glaubt, mit jedem Hund auf derselben Wellenlänge zu funken, und hält die Erziehungsstrategie der Deeskalation für das einzig richtige Mittel der Wahl. Für ihn gilt es zu bedenken, dass

- auch ein Hund des *geselligen Typs* Besitzansprüche auf Ressourcen, Streicheleinheiten und Aktivitäten zum Spiel sehr manipulativ und provozierend einfordern kann, vor allem dann, wenn er keine eindeutigen Verhaltensrichtlinien vorgegeben bekommt,
- ein Hund des *Kopftyps*, zäh und eigenwillig wie er nun einmal ist, von artübergreifender Gleichberechtigung nichts wissen will, und, wenn er in einer sozial unstrukturierten Beziehung zum Menschen lebt, seinerseits meint, in zentralen Alltagssituationen eine leitende Funktion übernehmen zu müssen,
- ein Hund des *Seelchentyps* zwar unbestreitbar die Hilfe des Menschen in besonderem Maße braucht, allerdings sozioemotional überfürsorgliche Stimmungsübertreibungen mit einer grundlegenden Verschlechterung seiner Selbstwahrnehmung beantwortet.

Der Beobachter

Er verhält sich als geborener B-Typ eher reserviert und geht die Dinge grundsätzlich beschaulich an. Für ihn gilt es zu bedenken, dass

- ein Hund des *geselligen Typs*, insbesondere ein Individuum der „extrovertierten Fraktion", trotz Stabilität im sozialen Bereich häufig dann von Langeweile geplagt ist, wenn ihm ein zu gemütlicher Mensch nicht ausreichend genug gemeinsame Beschäftigungsaktivitäten anbietet,
- ein Hund des *Kopftyps* die ruhige und besonnene Art eines solchen Leiters einer gemischten Gruppe für sehr bedeutsam hält, solange dieser seine leitende Funktion nicht zu gelassen und langsam ausübt, was ein extrovertierter „Kontrolletti" in Bezug auf besitzanzeigendes Verhalten gerne ausnutzt,

- ein Hund des *Seelchentyps* mit angstaggressiven Verhaltenstendenzen zu Scheinattacken neigt, wenn er nicht rechtzeitig genug zielgerichtete Abbruchsignale vermittelt bekommt. Vor allem extrovertierte Seelchen handeln nach dem Motto: Angriff ist die beste Verteidigung, weshalb sie ihre menschlichen Beziehungspartner aus sozialer Absicht zum Teil vehement eifersüchtig verteidigen wollen.

Der Kumpel

Er neigt dazu, zu glauben, er könne mit jedem Hund, egal um welchen Persönlichkeitstyp es sich handeln mag, auf demokratische Weise zusammenleben. Für ihn gilt es zu bedenken, dass
- gerade ein Hund des *geselligen Typs* eine deutliche Freiraumbegrenzung braucht, da er ansonsten seine Lieblingsstrategie schnell fixiert, unaufgefordert jedem Hund in freundlich-fröhlicher Grundstimmung zu begegnen, was böse ins Auge gehen kann,
- ein Hund des *Kopftyps* in der Norm mit demokratisch gesinnten Menschen keine exklusive Bindungspartnerschaft eingeht, sondern ihn als lästig erscheinenden Konkurrenten ansieht, der offensichtlich nicht weiß, was er will,
- ein Hund des *Seelchentyps* von einem menschlichen Sozialpartner erwarten darf, dass der vor allem in ausweglos erscheinenden Lebenslagen ohne Fluchtmöglichkeiten Übersicht und Schutzbereitschaft an den Tag legt, um nicht selbst zu Selbstverteidigungsattacken gezwungen zu sein.

Der Dynamische

Er ist sehr darum bemüht, seinem Vierbeiner viel Spaß, Spiel und Spannung zu bieten. Für ihn gilt es zu bedenken, dass
- auch ein Hund des *geselligen Typs*, der generell gerne interagiert, spielt und sportliche Aktivitäten liebt, zum seelischen Ausgleich viel Entspannung und Ruhe braucht,
- ein Hund des introvertierten *Kopftyps* jeglichen ihm aufgezwungenen Angeboten zur Rundum-Bespaßung eher ablehnend begegnet, und, wenn er sich schon zurückzieht, die Nichtrespektierung einer Individualdistanz möglicherweise mit einer Drohmimik in mehreren zunehmend verstärkten Eskalationsstufen beantwortet,
- ein Hund des *Seelchentyps* auf den Übereifer von allzu sportlichen Menschen – auch wenn dieser „motivierend" wirken sollte – mit Unterwürfigkeitsbekundungen und Beschwichtigung reagiert, um ihn zu besänftigen und von seinem doch gut gemeinten Vorhaben abzubringen.

Der Freigeist

Er neigt zu maßlosen Übertreibungen, wenn es um die notwendige Freiheitsbegrenzung seines Hundes im häuslichen Bereich und in der Öffentlichkeit geht. Für ihn gilt es zu bedenken, dass
- ein Hund des *geselligen Typs*, vor allem in der frühen Jungendphase zwecks sozialer Orientierung, viel Anschluss zu gleichaltrigen Artgenossen sucht und sich tendenziell zu stark an sie bindet, wenn ihm zu viel Freiheit zugestanden wird,

– ein Hund des *Kopftyps* schnell zum eigenständigen Streuner wird, der in „Abwanderungslaune" Exkursionen in Nachbargebiete unternimmt und sich dort zwecks eigener Statuserhöhung bevorzugt mit Artgenossen rauft, sollte er keinerlei Verhaltenseinschränkung erfahren,
– sich ein Hund des extrovertierten *Seelchentyps* oftmals in exzessive Beutefang- und Zerrspiele hineinsteigert – und diese missverstehen kann, wenn keinerlei Regeln vorhanden sind.

Der Engel
Er verhält sich häufig sozioemotional instabil und neigt dazu, seinem Hund jeden Wunsch zu erfüllen. Infolgedessen hat der Engel große Schwierigkeiten, seine leitende Rolle als Gruppenführer zu vermitteln. Für ihn gilt es zu bedenken, dass
– sich ein Hund des *geselligen Typs* zwar nach entsprechender Sozialisation grundsätzlich freundlich verhält, wegen seines hohen Klärungsbedarfs im sozialen Bereich aber von einer präzise vermittelten Rangeinweisung abhängig ist,
– ein Hund des *Kopftyps* von seinem Menschen eine sozial kompetente Gruppenführung erwartet. Ist diese für ihn nicht erkennbar, regelt er alle überlebenswichtigen Dinge wie Sozialstatusverbesserung, Ressourcenkontrolle und Revierverteidigung auf eigene Faust,
– sich ein Hund des *Seelchentyps* ohne eine ruhige, Sicherheit vermittelnde Anleitung und sozioemotionale Stabilität extrem gestresst verhält, weil er seinem menschlichen Beziehungspartner nicht zutraut, auf ihn aufzupassen und seiner Aufgabe als Beschützer gerecht zu werden.

Der Herrscher
Er wäre eigentlich der optimale Chef für eine Primatengruppe, sieht sich aber wegen

seines falschen Wolfsverständnisses als „Alphatier", das alle untergeordneten Gruppenmitglieder unter seiner Knute halten muss. Für ihn gilt es zu bedenken, dass

- ein Hund des *geselligen Typs* eine strikte Ressourcenkontrolle nicht nachvollziehen kann, weil er von einer kanidentypischen Besitzrespektierung ausgeht, was bedeutet, dass man auch gegenüber einem Ranghohen eine für sich zuerst nutzbar gemachte Ressource behalten darf,
- ein Hund des *Kopftyps* auf körperlich betonte, aggressiv gestimmte Reglementierungen mit Protestverhalten reagiert, weil man in Kanidenkreisen Abbruchsignale in erster Linie ohne Verringerung der Individualdistanz signalisiert; stattdessen erwartet er, dass etwaige Konfliktsituationen ohne offene Aggression entschärft werden,
- ein Hund des *Seelchentyps* sich zwar innerhalb gesicherter Territoriumsgrenzen (je nach ortsabhängigem Lernverhalten) unterschiedlich ungehorsam und „wild" gebärden kann, auf eine rohe Zurechtweisung jedoch mit noch mehr Verunsicherung und Stresssymptomen reagiert.

Der Experte

Er versucht jederzeit, sein (Pseudo-)Fachwissen ungefragt weiterzureichen und jedem Mitmenschen, so oft es geht, schlaue Ratschläge zu erteilen. Für ihn gilt es zu bedenken, dass

- selbst ein Hund des *geselligen Typs* im Umgang mit Seinesgleichen längst nicht alle Konflikte ohne jegliches Kampfverhalten „friedlich ausmacht" und dessen penetrant körperbetontes Bedrängen oder Aufreiten – vor allem in stark frequentierten Auslaufgebieten – nicht überall auf Gegenliebe stößt,
- ein Hund des *Kopftyps* nicht dominant ist, nur weil er beim Füttern besitzanzeigendes Verhalten zeigt, da Wettbewerbsaggression ein motivationsabhängiges System ist und der situationsbedingte Zugang zu Nahrungsquellen somit nichts mit der Rangposition zu tun hat,
- ein im Alltag allgemein überforderter Hund des *Seelchentyps* häufig innerlich motivierte Konfliktlagen durch sogenanntes Übersprungverhalten zum Ausdruck bringt (z.B. Auf-dem-Boden-Schnüffeln, Sichkratzen, Sichschütteln, Gähnen), das so mancher „Experte" fälschlicherweise als Beschwichtigungsbekundung definiert, obwohl damit überhaupt keine kommunikative Absicht verbunden ist.

Was bedeutet das für mich als Hundehalter?

Um es nochmals deutlich zu sagen: Wir wollen Hundehalter weder in irgendeine Schublade stecken noch völlig unrealistische Scheinlösungen anbieten. Vielmehr geht es uns darum, in ausführlichen Anamnesegesprächen zu erwartende *Verhaltenstendenzen*, bereits konditionierte *Verhaltensmuster* und *grundcharakterliche* Profile von Menschen effektiver einschätzen zu können. Das will gelernt sein. Wer sich für diese komplexe Materie näher interessiert, kann im Internet ausführliche Informationen in Bezug auf die in den USA und Kanada gewonnenen Erfahrungen einholen unter: http://www.aspca.org/adoption/meet-your-match/

SOZIOEMOTIONALE BEZIEHUNGSEBENE

Gefühle, Empathie und Moral

Haben Tiere ein Gefühlsleben?

Dichtung oder Wahrheit? Kaum etwas ist unter Naturwissenschaftlern so umstritten, wie die Frage, ob Tiere ein Gefühlsleben haben. Der Biologe Stephen Budiansky (2000) sowie Ray & Lorna Coppinger (2002) definieren Haushunde schlicht als „aasfressende Schmarotzer" und werfen allen, die ihnen menschliche Eigenschaften zusprechen, Anthropomorphismus vor. Schon Charles Darwin war der Überzeugung, dass Tiere im Wesentlichen dieselben emotionalen und mentalen Anlagen haben wie Menschen. Dennoch regen sich viele über Marc Bekoff (2006) auf und verurteilen, wenn er in Bezug auf tierische Empathie und Moral davon spricht, dass sie „das *echte* Gefühlsleben haben". Damit das Ganze nicht noch schlimmer wird, bietet Dale Peterson (2011) einen konstruktiven Gegenvorschlag an: Wir sollten uns doch mit realen Gemeinsamkeiten und einzigartigen Unterschieden zwischen dem Geist von Menschen und Hunden auseinandersetzen, weil wir Freunde sind, trotz evolutionärer Diskontinuität und gerade wegen evolutionärer Kontinuität.

Um eine Tatsache kommen wir heute nicht mehr herum: Es wird immer schwerer zu erklären, was die Einzigartigkeit des Menschen wirklich ausmacht. Ist der Mensch einzigartig, weil er nach MacLeans (1985) „Theorie of Mind" die Fähigkeit hat, den mentalen Status eines anderen Individuums einzuschätzen? Oder ist er deshalb einzigartig, weil er die emotionale Erfahrung eines anderen Individuums nachvollziehen kann? Das kann ja wohl nicht sein! Das können auch Kaniden. Und nicht nur die.

Den Tatsachen ins Auge sehen
Dutzende von Studien fördern neue Ähnlichkeiten in Verhalten, Leidensfähigkeit und kognitiver Leistung von Tieren ans Tageslicht. Das Feld der kognitiven Ethologie erlebt gerade einen wahren Höhenflug und emotionale Intelligenz ist ein Top-Thema von bedeutendem Interesse. Und trotz all dieser Kenntnisse spielen die ewigen Neinsager das Thema mit „alles nur Geschmackssache" herunter. Herrje, kann man es manchen Leuten nie recht machen?

Sozioemotionalität in der Tierwelt

Da wir Menschen und Tiere im limbischen System (zuständig für die Verarbeitung von Emotionen) dieselben Gehirnstrukturen haben, sollte es uns eigentlich nicht verwundern, wenn auch wir dieselben Emotionen teilen. Auf gewisse Art und Weise sind menschliche Emotionen quasi die Geschenke unserer tierischen Vorfahren. Einigen Zeitgenossen mag das Vorpreschen in die Tiefen der tierischen Gefühlswelt zu weit gehen, aber nachhaltige und ehrliche Forschung ist nur dann möglich, wenn auch Skeptiker unsere Beobachtungen und Feldnotizen entsprechend honorieren und sich die Wertschätzung für Freilandforschung allgemein steigert. So führte beispielsweise der berühmte Freilandforscher George Schaller (2007) schon vor Jahrzehnten sehr bahnbrechend aus: „Ohne Emotionen hat man nur eine tote Studie. Wie kann man unter Umständen für sechs Monate dasitzen

Zum „emotionalen" Lernen gehört auch die Vermittlung von körperbetonter Interaktion.

und etwas betrachten, was man nicht besonders mag, was man einfach nur als ein Objekt ansieht? Wir beschäftigen uns mit Individuen, die ihre eigenen Gefühle, Wünsche und Ängste haben. Sie zu verstehen, ist schwierig, und man schafft es eigentlich nicht, wenn man nicht auch einen emotionalen Kontakt zu ihnen hält und mit Intuition handelt. [...] Erst als ich Gorillas als lebendige, fühlende Wesen ansah, konnte ich am Leben der Gruppe mit Verständnis teilnehmen, statt ein ignoranter Zuschauer zu sein." Als ich [Bloch] das vor Jahren las, wusste ich von einer Sekunde auf die andere, wie ich mich fortan als Wolfs- und Mensch-Hund-Beobachter zu verhalten hatte.

Auch Frans de Waal (2011) berichtet von mitfühlenden Primatenmüttern im Freiland, die so lange ihre toten Säuglinge mit sich herumtragen, bis von denen nur noch Fell und Knochen übrig sind. Bei Menschenaffen fällt es uns noch am leichtesten, sie als relativ gleichwertig anzusehen. Viele Forscher wissen um deren Eigenschaften zu trauern und sich zu freuen.

126 | Gefühle, Empathie und Moral

Auch bei Haushunden kann man bei Hundepaaren, die eng zusammenleben, häufig beobachten, wie sie gemeinsam entweder parallel laufen oder Unternehmungen gemeinsam gestalten.

Es ist nicht möglich, Kognition von Emotion zu trennen. De Waal (1999) sagt dazu: „Das Gehirn kennt keine getrennten kognitiven und emotionalen Wege. Vielmehr überschneiden sie sich, weil Prozesse und Funktionen, die eng miteinander verbunden sind, koordiniert werden müssen. Wie sonst kann der Organismus lernen, welche Stimuli er meiden soll oder wie er die emotionalen Signale der anderen interpretieren kann?"

Jane Goodall (2000) berichtet, dass selbst, wenn Affengruppen miteinander streiten, die Liebe zwischen Mutter und Nachkommen und die engen sozioemotionalen Bande zwischen Geschwistern bestehen blieben. Liebe? Bernd Heinrich (1999) definiert diesen Begriff für Rabenpaare sehr richtungsweisend: „Da Raben langjährige Lebenspartner haben, gehe ich davon aus, dass sie sich genau wie wir verlieben, ganz einfach, weil für eine langjährige Paarbindung irgendeine Art von innerer Belohnung vorliegen muss. Wegen der monogamen Paarbindung können wir beim Wolf von gleichen Voraussetzungen ausgehen. Laut E. Zimen (2002) scheint es, dass die Innigkeiten zwischen manchen Wolfspaaren vergleichbar sind mit denen, die wir bei Menschen als Zuneigung und Liebe bezeichnen.

Man möge uns nachsehen, wenn wir den Mensch nicht – wie allseits üblich – als monogam lebendes Säugetier einstufen. Im Islam darf jeder Mann bis zu vier Frauen heiraten, das „älteste Gewerbe der Welt" ist jedem ein Begriff, die Definition „Lebensabschnittspartner" überzeugt uns ganz und gar nicht und in unseren Bekanntenkreisen kennen wir kaum noch ein Paar, das nicht wegen ständiger Fremdgeherei auseinandergebrochen wäre. Dennoch wird niemand deshalb künftig fordern, dem Menschen die Fähigkeit zu lieben und zu fühlen abzuerkennen.

Meeresforscher von der Emory Universität in Atlanta fordern, Orcas und Delfine als „nichtmenschliche Personen" anzuerkennen, weil sie Individualcharaktere sind, sozioemotionale Beziehungen pflegen und sogar in die Zukunft planen können. Nach M. Bekoff (2002) gibt es immer mehr Hinweise darauf, dass Freude, Liebe, Trauer, Eifersucht und Scham von vielen Individuen anderer Tierarten ausgedrückt werden. In einem Artikel der Zeitschrift YES schreibt Bekoff (2011): „Ich beobachtete, wie eine Rotfuchsfähe ihren Gefährten begrub, der von einem Puma getötet worden war. Sie legte sehr sanft Erde und Zweige über seinen Körper, hielt dann an, schaute noch einmal genau, um sicher zu gehen, dass alles bedeckt war, drückte die Erde und die Zweige noch einmal mit ihren Vorderpfoten fest, stand einen Augenblick ganz still und trottete schließlich fort, mit hängendem Schwanz und ganz angelegten Ohren."

All dies gilt nicht nur für Säugetiere. So haben beispielsweise britische Forscher (Castro 2011) erstmals Pessimismus bei Honigbienen nachgewiesen. Und das obwohl angeblich wirbellose Tiere keine Emotionen besitzen. Bedeutende Wissenschaftler, große Worte! Da stehen uns noch einige spannende Überraschungen ins Haus. Als Naturforscher werden wir mit jedem Tag ehrfürchtiger dem Leben gegenüber.

Den Höhepunkt der Diskussion über Emotionen bei Tieren bildete der im Juni 2011 an den australischen Philosophen Peter Singer und die italienische Tierrechtlerin Paola Cavalieri (Great Ape Project)

Auch Füchse können sehr wohl sozioemotionale Stimmungen ausdrücken.

Feldnotizen

Günther Bloch, Banff
Freuen sich Tiere an ihrer Umwelt? Ohne Zweifel. Ich sah kürzlich einen ausgewachsenen Hirschbullen, der, man soll es kaum glauben, elf mal hintereinander einen fünfzig Meter hohen Hügel hinauflief, um anschließend in einem Teich wie ein kleines Kind herumzuplantschen. Empfand dieser Wapiti Freude über sich selbst? Das war das erste Mal, dass ich neben der Beobachtung an Kaniden völlig überrascht wurde, dass sich selbst ein Hirsch offensichtlich nicht so verhält, wie im „Lehrbuch für Hirschinstinkte" beschrieben.

Elli Radinger, Yellowstone
Ich beobachte immer wieder mit tiefer Rührung, wie in Yellowstone ganze Bisonfamilien von ihren toten Angehörigen respektvoll Abschied nehmen. Dabei jagen sie sogar Wölfe und Grizzlys von ihnen fort, stellen sich still um das tote Tier, berühren es noch mit den Schnauzen oder versuchen, es mit den Hufen zu bewegen, bevor sie es endgültig verlassen. Das kann mehrere Tage dauern. Dann trauen sich auch Beutegreifer nicht mehr zum Kadaver. Ein anderes Mal lag eine Bisonmutter volle drei Tage und Nächte neben ihrem tot geborenen Kalb und versuchte, es zum Aufstehen zu bewegen. Währenddessen beschützte sie es gegen Bären und Wölfe. Wer wagt da, Trauer anzuzweifeln?

verliehene Ethik-Preis. Singer fasst das Thema „Moral im Umgang mit Tieren" folgendermaßen zusammen: „Wenn wir moralisch handeln wollen, müssen wir bereit sein, nicht nur unsere eigenen Interessen, sondern auch die Interessen anderer zu berücksichtigen, und zwar unabhängig von Rasse, Geschlecht oder Spezies."

Was bedeutet das für mich als Tierhalter?

Dank vielfältiger Forschungsergebnisse besteht in ethologischen Expertenkreisen immer weniger Zweifel daran, dass Tiere keine gefühllosen „Instinkt-Automaten" sind. Insofern sollten alle ihre „Liebe" zu Haustieren selbstreflektierend überprüfen. Gruppenorientierte Tierarten, wie beispielsweise Meerschweinchen, Kaninchen oder Ratten, brauchen artspezifische Gesellschaft. Diese Tiere einzeln in kleinen Käfigen zu halten, ist bei Weitem nicht artgerecht. Während es z. B. in der Schweiz gesetzlich strikt verboten ist, Meerschweinchen einzeln zu halten, gelten diesbezüglich in Deutschland leider keine Beschränkungen.

Einzelhaltung von geselligen Tieren ist ohne Wenn und Aber mit Tierquälerei gleichzusetzen.

Leitrüde Spirit hat sich an die Präsenz unseres Forschungsautos (Hintergrund) ebenso gewöhnt (links) wie Leitweibchen Faith (rechts).

Sozioemotionalität in der Wolfswelt

In freier Wildbahn verhalten sich „unsere" Timberwölfe in biologischer *und* sozioemotionaler Hinsicht so, wie sie sein sollen: wild und authentisch. Was wir beide zu ergründen versuchen, ist Detailwissen darüber, was diese Wölfe tun, wer sie sind und was sie bezüglich ihres eigenen Lebens wissen und fühlen. Natürlich muss manche Regel, die für eine Wolfsfamilie gilt, nicht unbedingt auch für die andere anwendbar sein. Es gibt jedoch allgemeine Richtlinien, die sich als Antwort auf soziale Konflikte und Bindungen entwickelt haben. Wir sind keine sentimentalen Träumer und beobachten die „wölfischen Gesetze der Moral" ganz real in fünf unterschiedlichen sozialen Situationen: Autorität, Gewalt, Sex, Besitz *und* sozioemotionale Kommunikation. Unsere Studien von *wilden* Wölfen sind wichtig (so hoffen wir inständig), denn „Individuen, die unter ärmlichen sozialen oder anderen Bedingungen gehalten werden, sind unfähig, ihr volles Verhaltensrepertoire auszudrücken. Darum bekommen wir bei Gehegewölfen meist ein falsches Bild davon, was die Tiere eigentlich zu leisten imstande wären." (Bekoff 2011)

Aber der Reihe nach: Von Wolfseltern wird gerne behauptet, dass sie ihren Nachwuchs rund um die Uhr im Auge haben. Jungtiere dürften nichts auf eigene Faust tun, alle Aktivitäten würden ständig von ranghohen Individuen überwacht. Das ist ein Mythos. Wölfe haben ein großes Ruhebedürfnis, und auch die „Erziehungsberechtigten" gönnen sich nicht allzu selten ein kleines Nickerchen. Sie sind froh, wenn sie einfach mal ihre Ruhe haben. (Das sollten wir menschlichen Eltern gut nachempfinden können.) Dann sind die Welpen und Jungschnösel auf sich alleine gestellt und unternehmen frühestens ab dem dritten Lebensmonat sogar kleine Erkundungsausflüge im Umkreis von bis zu drei Kilometern Entfernung (Bloch 2011).

Dabei lernen die Kleinen gewisse Formen von Moral, wozu auch das Ausdrücken von Kooperation, Freundlichkeit und Versöhnung nach Streitigkeiten gehört. Die ganze Vielfalt an sozioemotionalen Verhaltensreaktionen müssen sie aber erst noch im Laufe ihres Lebens lernen, denn was den Schnöseln jetzt noch fehlt, ist die Weisheit des Alters (siehe Foto unten).

Auch bei der Jagd fehlt Jungwölfen bis zu einem Alter von ca. acht bis neun Monaten schlicht die Erfahrung.

Die Moral der Wölfe

Die Wölfe von Banff und Yellowstone verhalten sich deutlich friedlicher, großzügiger und fairer, als wir je zu träumen gewagt hätten. Wölfische Formen von Gewalt sind überwiegend nach außen gerichtet. Meist noch außerhalb der eigenen Spezies, wo die moralischen Wolfsregeln nicht gelten, manchmal aber auch innerhalb der eigenen Spezies, jedoch außerhalb der eigenen sozialen Gruppe. Innerhalb eines Familienverbandes herrscht hingegen eine große Hilfsbereitschaft und viel Mitgefühl, besonders gegenüber momentan gehandicapten Individuen (Bloch & Radinger, 2010).

M. Bekoff und J. Pierce (2009) bezeichnen „Moral" als „eine evolutionäre Anpassung an ein soziales Leben", weisen gleichzeitig aber darauf hin, dass, wenn wir Tieren schon ein „moralisches" Verhalten zugestehen, es auch ein „unmoralisches" Verhalten geben muss. Wir wissen natürlich, dass es ein solches Verhalten auch gibt. Ich [Radinger] habe in Yellowstone beispielsweise die Tötung einer dominanten Leitwölfin durch die eigene Familie erlebt oder die Besetzung und Belagerung einer Wolfshöhle durch fremde Wölfe. Dies ist jedoch äußerst *selten* im Vergleich zu den kooperativen, empathischen und sozioemotionalen Handlungsweisen von Wölfen. Darüber hinaus kann jede direkte körperliche Auseinandersetzung für alle Beteiligten gefährlich werden, sodass der Sieger am Ende durchaus der Verlierer sein kann.

Tatsächlich ist ein weitestgehender Verzicht auf grobe Gewalt innerhalb sozialer Wolfsgruppen *und* gegenüber ihren „Hausraben", die sie mehr wie Familienmitglieder behandeln, eine der verschiedenen Funktionen von Moral. In diesem Zusammenhang stimmen wir Dale Peterson (2011) zu, wenn er argumentiert, dass es die Funktion von Moral sei, ernsthafte Konflikte zwischen dem Selbst und Anderen zu verhandeln.

Wenn meine [Bloch] körperlich und geistig erwachsene Lieblingswölfin „Blizzard" Woche um Woche Plastikflaschen oder wie neuerdings zu bewundern, Straßenbegrenzungsfähnchen aufsammelt, versteckt, wieder hervorholt, um sie in die Luft zu werfen, und bis zu einer Viertelstunde darauf herumspringt, so deute ich das als Ausdruck einer Emotion: Freude. Wir Kleingeister werden wohl niemals fähig sein, die Emotionen von Blizzard und den anderen Wölfen, die wir beobachten, gänzlich zu verstehen. Aber wir können versuchen zu bewerten, welche Bedeutung ihre Emotionen und Gefühle für ihre täglichen Entscheidungen haben, die sie in Bezug auf ihre Bedürfnisse, Absichten und Wünsche treffen.

Wie in solchen Fällen üblich, verlautbart die „Anti-Lobby", so stellvertretend D. McFarland (1997), dass Kaniden auf lediglich wenige Emotionen einzuschränken seien, und sie keine gemischten Gefühle hätten. Erst hieß es, Kaniden hätten überhaupt keine Gefühle. Dann kamen gegenteilige Beweise, daraufhin wurde das Ganze wieder auf gemischte Gefühle beschränkt. So langsam wird's einfach lächerlich.

Emotionen – eine Quelle des Wissens

Manchmal, wenn wir von majestätischer Fauna und Flora, von Wölfen, Raben und Bären umgeben sind, fragen wir uns, warum das Erforschen von menschlichen Emotionen so einfach akzeptiert, dagegen aber bei Wölfen oder Hunden, mit wenigen Ausnahmen, immer noch misstrauisch beäugt wird. Gleichwohl sind Gefühle ein bedeutender und wichtiger Aspekt für uns. Sie sind die unmittelbarste Quelle des Wissens über die Emotionen unserer Wölfe, die wir täglich beobachten. J. Bolhuis & C. Wynne (2009) tadelten Darwin für die „weit hergeholte" Idee, dass Menschen und andere Tiere dieselben Leidenschaften und Emotionen teilen, dabei war der offensichtlich seiner Zeit weit voraus.

Im Juni 2011 saß „unser"[Bloch] Rabenpaar fast täglich auf einem Ast eng beieinander, um sich in aller Ruhe minutenlang hingebungsvoll zu beschnäbeln, ganz vor-

Wir haben gelernt, dass biologische und emotionale Gestimmtheit eine Einheit bilden.

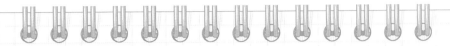

Feldnotizen

Günther Bloch, Banff

Manchmal hilft nur die Flucht nach vorne (eine überzeugende Gegenhypothese), wenn man unter Druck gerät. Hierzu ein Beispiel: Im Sommer 2011 näherte sich Leitweibchen Faith nur sehr zögerlich einem Vielfraß (Gulo gulo). Sie griff den Nahrungskonkurrenten nicht an, schwankte gefühlsmäßig jedoch zwischen Neugierde und Vorsicht. Tags darauf beobachteten wir, dass sich Faith dem Aufenthaltsort des potenziell gefährlichen Gegners (der natürlich längst über alle Berge war) verhalten näherte. Zwei andere Wölfe (Chester und Lillian), die den Vielfraß am Vortag gar nicht selbst gesehen hatten, passten ihr gesamtes, emotional betontes Ausdrucksverhalten dem von Faith sofort an. Sie beobachteten sie ganz genau, verhielten sich ebenso vorsichtig wie sie. Sie demonstrierten somit auf erstaunliche Weise die Effektivität und den potenziellen Überlebenswert von emotionaler Kommunikation.

Elli Radinger, Yellowstone

Nachdem die fünf Blacktail-Wölfe an einem Kadaver gefressen hatten, machten sie sich zum Aufbruch bereit. Leitrüde Big Blaze beschloss, sich vom Kadaver noch einen Snack für den Heimweg mitzunehmen. Hinter ihm kam plötzlich ein Fuchs den Hügel hinabgerannt, schnappte sich dreist einen Brocken Fleisch und lief weiter. Big Blaze beobachtete alles wie versteinert. Plötzlich wurde der Fuchs seinerseits von einem Steinadler angegriffen und umgeworfen. Er ließ das Fleisch fallen und flüchtete. In der Zwischenzeit flog ein Rabe herbei, schnappte das Fleisch, das der Fuchs fallen gelassen hatte, und flog davon. Während der Adler vergeblich das Fleisch suchte, rannte der Fuchs an Big Blaze vorbei den Hang hinauf. Der große Wolf löste sich nur langsam aus seiner Erstarrung. Vermutlich schüttelte er empört den Kopf, denn er markierte jetzt heftig den Kadaver, bevor er weiterzog. Ist das etwa kein Ausdruck von Emotion?

sichtig zu beknibbeln und liebevoll sonstige Zärtlichkeiten auszutauschen. Sind wir etwa der Willkür unseres eigenen „Unvermögens zu emotionaler Stabilität" ausgesetzt, wenn wir die sozialen Interaktionen dieses Rabenpaars ohne großes Rätselraten als emotionalen Austausch tief empfundener Zweisamkeit bewerten? Alles Interpretationssache? Wir schließen uns jedenfalls der Auffassung von Frans de Waal (2011) an, der Emotion als einen „temporären Zustand" interpretiert, der „durch biologisch relevante äußere Reize zum Ausdruck kommt, aversiv oder attraktiv. Die Emotionen sind gekennzeichnet durch spezifische Veränderungen im Organismus, dem Geist, Gehirn, den Hormonen, Muskeln, Kreislauf und Herz des Körpers." De Waal unterscheidet zudem verschiedene Stufen von Empathie: die Stimmungsübertragung oder Gefühlsansteckung, die Anteilnahme für andere wie beispielsweise Trösten und die gegenseitige Perspektivenübernahme.

Was bedeutet das für mich als Hundehalter?

K. Kotrschal (2011) erinnert uns Hundehalter nochmals eindringlich: „Letztlich sind Wölfe ein Spiegel für bestimmte Aspekte der *Conditio humana* und die biologische Basis der Kooperationsbereitschaft des Menschen." Das außerordentlich sensible Sozialbewusstsein des Wolfes ist wohl insgesamt der höchste Wert, den er unseren Haushunden mit auf den Weg gegeben hat. Wolf, Hund und Mensch empfinden im familiär verstandenen Sinn offensichtlich wesensverwandte Gefühle. Wir Hundehalter wissen doch zumindest unterschwellig, dass

Kaniden ihre Emotionalität vielschichtig kommunizieren. Alle, die im Kampf um den Kern der „Emotionsdebatte" nach stichhaltigen Argumenten suchen, empfehlen wir, sich vertraut zu machen mit dem „Baum der Emotionen" (siehe Zeichnung), der die Ressourcen (vorne) und Situationen (Großbuchstaben) zeigt, um die es bei den Emotionen (kursiv) überhaupt geht, während er mögliche phylogenetische Verbindungen zwischen ihnen verfolgt.

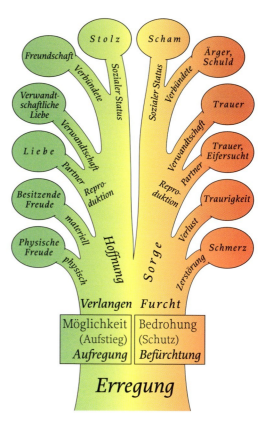

Quelle: Frans B. M. de Waal: What is an animal emotion? Ann. N.Y. Acad. Sci. 1224 (2011) 191-206; p. 203, *drawing by Randolph Nesse.*

Sozioemotionalität Mensch – Hund

Es ist überhaupt nichts Neues, dass Mensch und Hund auf zwischenartlicher Ebene längst gelernt haben, über eine „multifunktionale Sprache" komplexe Verhaltensabsichten und Emotionen gegenseitig zu verstehen. Laut M. Bekoff (2007) haben wir uns – besonders in unserem kommunikativen Verständnis – in einem langen, intraspezifischen Evolutionsprozess durch Hirnverknüpfungen etabliert und gegenseitig weiterentwickelt. Kritisch anzumerken gilt es allerdings, dass einige Menschen ihre Hunde wie kleine, begriffsstutzige Kinder behandeln, mit all den zum Teil emotional außer Kontrolle geratenen Gedanken und Gefühlen von Familienmitgliedern, die oft Probleme haben, ihr eigenes Leben „in den Griff zu bekommen".

Die Kindchenschema-Problematik

Warum reagieren wir bei Hunden teilweise so übertrieben emotional? Der Psychiater Morten Kringelbach (NOVA, 2011) von der englischen Oxford-Universität fasst die alte „Kindchenschema-Problematik" so zusammen: „Bei Hunden, insbesondere Welpen, sind die Gesichtszüge so arrangiert, dass wir sie einfach lieben wollen: große Stirn, große Augen, große Ohren." Um herauszufinden, wie stark wir auf diese infantilen Züge reagieren, benutzte Kringelbach einen Magnetoencephalographen (MEG), der die biomagnetischen Felder und somit die Reaktionen des Gehirns auf Gesichtsfotos von Babys und Erwachsenen misst. Heraus kam, dass der vordere Teil des Gehirns sehr emotional reagierte, wenn die Menschen in ein Kindergesicht schauten, jedoch nicht, wenn sie einen Erwachsenen sahen. Kringelbach sieht es als das Äquivalent des Gehirns zum Mutterinstinkt – eine verbundene automatische Reaktion. Wenn wir einen Hund – und besonders einen Welpen – anschauen, läuft eine ähnliche Prozedur in unserem Gehirn ab. Es fällt uns schwer, unsere Emotionen zu zügeln, uns nicht zu kümmern. Wir sind genetisch darauf programmiert, uns um hilflose Junge zu kümmern. Durch ein solches Verhalten sichert sich jede Spezies eine möglichst hohe Überlebensrate. Fürsorge ist das eine, sozioemotionale Überreaktionen das andere. Basierend auf unseren langjährigen Erfahrungen sind es in erster Linie Vertreter des Menschenschlags „Engel" und „Seelenverwandter", die auf hundliche Vortäuschungssignale hereinfallen (zum Beispiel Augen aufreißen, Kopf schief halten) – siehe Foto rechts.

Bedauerlicherweise hält sich bis heute das Gerücht, dass zwischen einer Emotion und dem darauf folgenden Verhalten eine 1:1-Beziehung besteht. Genau deshalb sei abermals Frans de Waal (2011) zitiert: „Emotionen verbinden sich mit individuellen Erfahrungen *und* kognitiver Einschätzung der Situation, um den Organismus für die optimale Antwort vorzubereiten." Auch Dorit Feddersen-Petersen (2004) meint zu diesem Thema: „Da Hunde unsere Gefühle, Absichten und Motivationen grundsätzlich intuitiv verstehen und lernen können, uns sehr genau einzuschätzen, sollte die nicht sprachliche Signalproduktion (nonverbale Kommunikation) gezielt auf das hundliche Assoziieren eingestellt werden."

Können Hunde unsere Gefühle lesen?

Die Körpersprache eines anderen zu interpretieren und seine Gefühle zu lesen, kann eine Frage von Leben und Tod sein. So können Beutetiere langfristig nur überleben, wenn sie keine unnötige Energie verschwenden und tatsächlich nur dann flüchten, wenn es auch wirklich erforderlich ist. Sehr oft sehe ich [Radinger] Wölfe, die an einer friedlich grasenden Hirschherde vorbeilaufen oder einen Jagdversuch abbrechen, weil der Hirsch steifbeinig herumstolziert oder gar herumhüpft und so demonstriert: keine Chance, Lobo!

Der Zoologe Donald R. Griffin (1992) macht uns Hundehalter darauf aufmerksam, wie dringend tierische Kommunikation und ihre Entwicklung, Klarheit, Feinheit und Vielschichtigkeit der Mitteilungen zusammen mit neurophysiologischen Analysen untersucht werden müssen. Erste sehr aufschlussreiche wissenschaftliche Arbeiten, beispielsweise von J. Burghoff & J. Panksepp (2005), belegen die Existenz positiver Emotionen. Doch woran erkennt der Hund, wie es um unsere momentane Emotionslage bestellt ist? Ist das überhaupt realistisch?

Wenn wir in unserem Gesicht Emotionen ausdrücken, tun wir das nicht symmetrisch. Eine Theorie besagt, dass die rechte Hälfte unseres Gesichts unsere Emotionen ehrlicher ausdrückt als die linke. Das ist dann die Seite, auf die wir uns in Verhandlungsgesprächen einstellen. Um herauszufinden, ob Hunde menschliche Gefühle im wahrsten Sinne des Wortes „lesen" können, benutzte der Tiermediziner Daniel Mills von der Universität Lincoln eine Technologie nebst spezieller Software, die die Augenbewegungen von Hunden genau verfolgt.

In Vergleichstests zeigte man Hunden verschiedener Rassen eine Serie von Bildern mit menschlichen Gesichtern, Hundegesichtern und leblosen Objekten. Schauten die Hunde sich die Bilder von Artgenossen oder leblose Objekte an, blicken sie wahllos auf die rechte oder linke Seite. Wenn es dagegen um menschliche Gesichter ging, blickten sie eindeutig nach links – also auf unsere „gefühlsbetonte (rechte) Gesichtsseite". So greift der Hund die uralte Kanidenidee auf, mimische Feinheiten genau zu analysieren, und beginnt, zwischenartlich mit uns Menschen auf einer emotionalen Ebene zu kommunizieren.

Prof. Mills geht davon aus, dass es für Hunde biologisch Sinn macht, zu entdecken, wenn jemand wütend ist, oder sich jemandem zu nähern, der ihn anlächelt. „Wenn Hunde menschliche Emotionen lesen können – und es gibt immer mehr wissenschaftliche Hinweise dafür –, dann ist das die Basis für ein sehr machtvolles Band zwischen Mensch und Hund." D. Peterson (2011) äußert die Hoffnung, „dass unser Weg in Zukunft zu mehr Toleranz, Weisheit und Frieden zwischen Menschen und Nichtmenschen gleichermaßen führt".

Was bedeutet das für mich als Hundehalter?

Damit unser Wissen über die sozioemotionale Ebene Mensch-Hund nicht nur schleppend vorankommt, kann auch eine private „Grundlagenforschung" einiges dazu beitragen. Inzwischen achten einige von uns

bereits mehr auf das Weiße im Auge des Hundes, und siehe da – es lohnt sich. Mit dem Wissen über die Verfolgung der Augenbewegungen ist es außerordentlich faszinierend, mit unseren Hunden zu kommunizieren. Achten Sie einmal darauf, wo Bello hinschaut, wenn Sie mit ihm reden (Foto).

Ich [Radinger] bin ein Fan der US-Krimiserie „Lie to me", bei der Spezialisten anhand von winzigsten Muskelbewegungen im Gesicht eines Menschen genau feststellen können, welche Gefühle er hat und ob er lügt oder nicht. Man bedenke, dass solche Fähigkeiten neben einem langjährigen Psychologiestudium auch eine Spezialausbildung voraussetzen. Unsere Hunde schert das nicht. Sie schauen uns an – und wissen Bescheid.

Können Menschen die „Hundesprache" verstehen?

Für viele von uns ist die Beziehung zu unseren Vierbeiner mehr als eine Einbahnstraße. Diese teilen uns auf emotionaler Ebene einiges mit über Ärger, Angst, Freude oder Verzweiflung. Die Behauptung, dass wir die Grundemotion von Hunden schon am Klang des Bellens erkennen können, hat Á. Miklósi (2010) wissenschaftlich untersucht. Um eine nachweisbare Methode umzusetzen, nahm er die Lautgebung von verschiedenen Hunderassen und -typen auf Tonband auf und spielte sie Menschen vor, die keine Hunde oder Hunde einer anderen Rasse hatten. Fast jeder der Zuhörer konnte sofort erklären, warum der Hund bellt, und er-

138 | Gefühle, Empathie und Moral

kannte anhand sechs verschiedener Belllaute deren Grundemotion. „Er ist einsam/wütend/fürchtet sich etc." Somit wurde nachgewiesen, dass die menschlichen Teilnehmer dieses jüngsten Experiments hundliches Bellen fast schon intuitiv klar und deutlich speziellen Gefühlslagen zuordnen konnten.

Die Mönche im Kloster von New Skete im Bundesstaat New York, die Deutsche Schäferhunde züchten und trainieren, haben es einmal sehr treffend gesagt: „Wir müssen einem Hund lauschen, bis wir entdecken, was nötig ist, statt ihm unsere eigenen Vorstellungen im Namen der Ausbildung aufzuzwingen."

Was bedeutet das für mich als Hundehalter?

Wenn Sie es leid sind, nur Berichte zur Mensch-Hund-Verständigung zu lesen, nutzen Sie die Gelegenheit und werden Sie selbst aktiv. Im Grunde kann jeder das beschriebene Experiment durchführen, die unterschiedlichen Belllaute seines eigenen Hundes auf Tonband aufnehmen. Das hilft Ihnen zu entschlüsseln, wie der emotionale Inhalt des Bellverhaltens Ihres Hundes zu beurteilen ist, und auf welche Art und Weise dieser eine bestimmte Bedeutung kommuniziert. Revierverteidigungsbellen, Verlassenheitsbellen, Frustrationsbellen oder Spielbellen (siehe Foto unten).

Neben dem hier bereits Ausgeführten sollten Menschen auch in der Lage sein, Spielbellen genau definieren zu können, damit sich Hunde auf ihre Art von uns unkommentiert „unterhalten" können.

Feldnotizen

Günther Bloch, Banff

Allgemein bekannt ist, dass Wölfe über Chorheulen den Zusammenhalt der Gruppe fördern. Aber das alles geht noch viel weiter. Im Sommer 2011 erlebten wir wieder einmal, wie wichtig das Verständnis der emotionalen Vokalisation für die Paarbindung zwischen den Leittieren ist. Die Pipestone-Wolfsfamilie war zunächst ganz normal aufgebrochen. Die Leittiere gaben den strammen Marsch vor, und dabei beobachteten wir, dass Spirit langsamer wurde, weil er humpelte. Seine Gattin lief unbeirrt weiter und weiter. Distanz bald etwa zwei Kilometer, was die Madam nicht mitbekam. Plötzlich blieb sie stehen und merkte, dass Spirit nicht mehr mitkam und auch nicht mehr in Sicht war. Sie lief zielgerichtet auf einen Hügel und fing an, wie verrückt zu heulen. Als sie die Antwort ihres Gatten hörte, der zurückheulte, legte sie sich auf den Hügel und wartete, bis er eingetroffen war. So hatten die Leitwölfin und die ganze Familie Rücksicht auf ihr verletztes Familienmitglied genommen, nachdem sie am Klang des Heulens gehört hatten, dass er nicht mehr hinterherkam. Um ihm genügend Ruhe zu geben, schliefen alle etwa fünf Stunden, bevor sie weiterzogen.

Elli Radinger, Yellowstone

Ich glaube, wir Menschen können sehr viel besser Emotionen „verstehen" als wir denken.

Als das lange, klägliche Heulen durch das Lamar Valley schallte, wusste jeder, der es hörte, dass hier ein verlorener Jungwolf seine Familie rief. Ich kannte bereits das sich stets wiederholende Drama um „Shy Boy", einen Jährling der Lamar-Wölfe. Er ging so oft verloren, dass man (hätte er ein Radiohalsband gehabt) den Wolfseltern eigentlich einen Sender in die Pfoten hätte drücken sollen, damit sie ihn wiederfinden. Wenn ich die Lamar-Gruppe sah, die eigentlich aus sieben Wölfen bestand, und wieder einmal nur sechs Tiere zählte, wusste ich genau, welcher Wolf fehlte. Der Schnösel war mal wieder verloren gegangen. Er hatte den Anschluss verpasst und nun waren alle fort. Jetzt begann das große Heulen: „Oooouuuu! Ich bin sooo allein! Ooooouuuuuu! Kommt mich jemand holen!", tönte es durch das Lamar Valley. Ich sah, wie sich die Gesichter der menschlichen Zuhörer veränderten. Für sie gab es anscheinend nie den geringsten Zweifel, welches Gefühl hier zu hören war: ein ganz spezieller und sehr einsamer Verlassenheitsruf.

Körperkontakt und Berührung – alles nur Vermenschlichung?

Einige Wissenschaftler glauben, dass auch unsere eigenen Interaktionen ein biochemisches Erkennungszeichen sind, ähnlich einer Mutter-Kind-Beziehung. Kerstin Unvas-Moberg vom schwedischen Karolinka Institut konnte erneut nachweisen, dass das im allgemeinen Sprachgebrauch als „Kuschelhormon" bekannte Oxytocin einer Mutter hilft, schnell ein emotional-positives Gefühl zu ihrem Baby zu entwickeln. Jedes Mal, wenn eine Mutter stillt, wird neues Oxytocin freigesetzt, welches die Bindung zu ihrem Baby weiter stärkt.

Um die Hypothese zu testen, ob das Hormon eine ähnliche Rolle in der emotionalen Beziehung Mensch-Hund spielt, wurden zunächst eine und dann drei Minuten nach einer Schmusestunde von Hunden *und* deren Besitzern Blutproben entnommen. Der Vergleichstest zeigte nicht nur einen starken Anstieg des Oxytocinwertes, sondern dieser erreichte bei den getesteten Hunden *und* Menschen einen ähnlichen Höchststand, den man zuvor bei stillenden Müttern analysiert hatte.

Dieses Untersuchungsergebnis ist ein wissenschaftlicher Beweis dafür, dass sozioemotionale Interaktionen (aktive Bekundungen zu körperlich betonter Nähe) für ein *beiderseitiges* Wohlgefühl von Mensch und Hund von Vorteil sind. Kanidenmütter, die ihre Welpen massieren, ablecken und mit ihnen Schnauzenzärtlichkeiten austauschen, wissen um das „große Geheimnis" eines optimalen Bindungsaufbaus schon seit Jahrtausenden. „Studien an Hunden bestätigen, dass Wohlfühlmassagen das Gehirn in den für Stressbewältigung und für soziale Kompetenz zuständigen Bereichen des vorderen Stirnhirns die Bindungsstellen für das Vertrauens- und Bindungshormon Oxytocin vermehrt, wohingegen das Stress auslösende Zentrum, der sogenannte blaue Kern, in seiner Zellteilung verringert wird." (Gansloßer & Strodtbeck 2011)

Der Hundeerzieher und Verhaltensberater Michael Grewe (2011) stellt die skeptische Frage: „Können Hunde sich Menschen anpassen, die versuchen, sich (körpersprachlich) wie ein Hund zu verhalten? Bestimmt! Aber nehmen sie uns dabei ernst?" Aber natürlich nehmen Hunde uns ernst dabei. Warum sonst reagieren sie auf unsere hundlich imitierte Vorderkörpertiefstellung zur Spielaufforderung, so stümperhaft sie auch vorgetragen sein mag? Warum sonst zeigen sie eine deutliche Verhaltensreaktion, nachdem wir sie in Hundemanier kurz angerempelt haben? Dies sind Beweise dafür, dass sie das sehr wohl ernst nehmen.

So könnte unser gemeinsames Miteinander und Verständnis sich doch sicher verbessern, wenn wir Menschen uns den Hunden gegenüber im Sinne von Ronald Lindner (2011) wie „Artgenossen ohne Fell" verhalten würden. Unsere Freilandbeobachtungen an Wölfen und verwilderten Haushunden bestätigen Tag für Tag, dass gemeinsames Kontaktliegen sowie der Austausch sozialfreundlicher Körperberührungen zum Aufbau von lang andauernden Bindungsbeziehungen alternativlos sind. Insofern haben Wolf und Hund keinen total unterschiedlichen „Grundcharakter".

Was bedeutet das für mich als Hundehalter?

Damit die sozioemotionale Beziehungsebene zwischen uns Menschen und unseren Vierbeinern womöglich nicht einfach so vor sich hin tröpfelt, befürworten wir ausdrücklich regelmäßige „Kuschelstunden", die ein gegenseitiges Freisetzen von Oxytocin herbeiführen. Es ist nicht verwunderlich, dass dieses „Wohlfühlhormon" einen mächtigen physiologischen Effekt hat. Es kann die Herzrate, den Blutdruck und Stresspegel senken. Außerdem sollte bekannt sein, dass wir Hundebesitzer nachgewiesenermaßen länger leben und viel seltener einen Herzinfarkt bekommen, und wenn doch, dann drei bis vier Mal bessere Überlebenschancen haben als Menschen ohne Hund.

Freundliche Kontaktaufnahmen, die den Willen zum emotional-geselligen Beisammensein bekunden, sind wichtig für das artübergreifende Verständnis Mensch-Hund, auch wenn dies mancherorts als „totale Vermenschlichung" fehlinterpretiert wird.

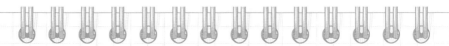

Feldnotizen

Günther Bloch, Banff

Wenn niederrangige Jungwölfe eine enge Beziehung zu einem Erwachsenen haben, auch wenn dieser ein Leittier ist, können die Tiere durchaus auch in Kuhlen sehr eng beieinanderliegen, was dieses exklusive Bindungsverhältnis besonders bekräftigt. Dies gilt nicht nur im Verhältnis Eltern-Nachwuchs, sondern auch im Verhältnis Geschwister untereinander. Interessant ist, dass wir auch schon beobachten konnten, dass die Wölfe, die eng zusammenlagen und ein enges Beziehungsverhältnis hatten, auch gemeinsam abgewandert sind. So z.B. im Jahr 2008 als Sundance und Whitefang über mehrere Monate hinweg selbst in der Paarungszeit zusammenblieben, anstatt einzeln auf Partnersuche zu gehen. Ähnliches erleben wir sehr häufig auch bei Bären, wo die Geschwister nach dem Verlassen ihrer Mutter sehr häufig noch lange Zeit zusammenbleiben.

Elli Radinger, Yellowstone

Im Sommer 2011 herrschte Aufregung im Lamar Valley. Die Wölfe hatten sich gerade im Rendezvousgebiet niedergelassen. Die Erwachsenen dösten in engem Körperkontakt und die Kleinen alberten herum. Dann näherte sich eine Gruppe Reiter (Backcountry-Ausritte mit Pferden ist eine beliebte Attraktion im Park). Noch nie hatten die Welpen ein Pferd gesehen, und dann gleich mehrere, die direkt und in vollem Galopp auf sie zu ritten (was verboten ist). Die Panik und der Horror bei der Wolfsfamilie waren erschreckend. Alle stoben auseinander. Die Kleinen kamen mit ihren kurzen Beinen kaum nach. Die Wolfseltern hielten jeweils einige der Jährlinge nah bei sich und versuchten, in den Wald zu entkommen, was ihnen schließlich auch gelang. Aber zwei Welpen waren zurückgeblieben. Die furchtlose Leitwölfin kehrte um und suchte verzweifelt nach ihnen, bis sie sie schließlich fand. Wie alle Eltern, die verlorene Kinder nach einem großen Schreck wiedergefunden haben, lagen auch die Lamar-Wölfe am Abend besonders eng mit ihrem Nachwuchs zusammen.

Voraussetzungen für ein stabiles Gefühlsleben

Der Zoologe Heini Hediger (1980) spricht Hunden ein Selbstbewusstsein und Selbstgefühl zu, weil sie durchaus zwischen sich und fremden Hunden zu unterscheiden vermögen. Darauf haben wir bereits hingewiesen. Was aber für ein stabiles Gefühlsleben Mensch-Hund unerlässlich ist, sind drei Voraussetzungen.

1. Freundschaft und emotionale Verbundenheit

Freundschaften entstehen nicht von selbst. Sie brauchen Zeit, Nähe, Vertrauen und authentisches Handeln. Nach Meinung von M. Grewe (2011) „ist der Hund sicher nicht der bessere Mensch und kann vielleicht als sozialer Schlawiner beschrieben werden, als jemand, der zum eigenen Vorteil sein soziales Umfeld manipuliert". Stimmt! Aber dennoch sind alle in Gruppen lebenden Säugetiere soziale Schlawiner. Kommunikation *ist* Manipulation, oder? Wir Hundehalter beherrschen leider auch die Kunst der „emotionalen Erpressung" meist sehr gut (Förderung von Hilflosigkeit, übertriebener Bindungsaufbau, Bestechungsversuche durch Überfütterung) und schaden einer Beziehung oft mehr, als es von Nutzen ist. Infolgedessen gilt es, eine Lücke zu füllen zwischen einem Austausch an *„echten"* Bedürfnissen und emotional zwanghaft-

Hunde sind Beutegreifer, die ihr „Eigentum" persönlichkeitsabhängig gerne für sich alleine beanspruchen. Trotzdem lernen sie durch genaue Beobachtung des Menschen sehr schnell die Vorteile eines gemeinsamen Beutespiels zu schätzen.

Hunde haben mit dem Einüben von Grenzen überhaupt kein Problem und lernen sich unter anderem durch körperlich-betontes Ringen gegenseitig kennen und einzuschätzen.

übertriebenen Freundschaftsbekundungen. Primatenartige Selbstherrlichkeit kann wohl kaum die Lösung sein wie z.B. der Aufruf zum „aktiven Ignorieren", das von vielen ständig als „liebevolles" Kontrast-Allheilmittel zu „roher Gewalt" geschickt vermarktet wird. R. & M. Franck (2011) bemerken zu Recht: „In der Lebensrealität eines Familienhundes bedeutet Ignorieren, dass der Mensch seine Aufmerksamkeit für ein Verhalten abstellt, während gleichzeitig andere, interne Verstärker weiterwirken." Wolf wie Hund „erkundigen sich" schon ernsthaft danach, wie es ihren Beziehungspartnern geht. Dabei ist es ihnen – im Gegensatz zu manchen Menschen – keineswegs „peinlich", ihre tatsächlich empfundenen Gefühle auch zu zeigen. Diese „Technik" hilft ihnen, den Anschluss an ihre Sozialgemeinschaft zu behalten. Wer bedrückt oder womöglich verletzt ist, muss wissen, zu wem er gehen kann. Das hilft, in entscheidenden Momenten eine „seelische Heimat" durch partnerschaftliche Hilfestellung zu finden, die einen Puffer gegen Ängste und Niedergeschlagenheit vermittelt.

Wir alle kennen Augenblicke, in denen wir traurig oder bedrückt sind und in denen unsere Hunde da sind, um zu trösten. Ein Stupser mit der Schnauze, ein weiches Fell, das sich an uns drückt, große Augen, die tief in unseren Kummer schauen. Wie ignorant und unfair wäre es da, unsererseits einem Hund keinen Trost zu bieten, wenn er ihn braucht.

Ich [Radinger] halte mich beispielsweise *nicht* an die oft propagierte Regel, einen Hund, der bei Gewitter oder an Silvester Angst hat, zu ignorieren nach dem Motto: Da muss er durch. Kein Elternteil würde sein ängstliches Kind unbeachtet links liegen lassen. Warum also den Hund nicht beachten? Ich für meinen Teil nehme ganz einfach meinen zitternden Hund auf den Schoß und in den Arm, bis Donner oder Raketen vorbei sind; ohne großes Theater bin ich einfach nur für Shira da. Wo ist das Problem? Es ist für mich stressfreier und meine Hündin weiß, dass ich da bin, wenn sie mich braucht. Das baut Vertrauen auf.

Was bedeutet das für mich als Hundehalter?

Wahre Freunde konzentrieren sich zwar regelmäßig auf ihren Partner, halten zwischenzeitlich aber einen „gesunden" Abstand zueinander. Echte Gefühle zu zeigen, gehört eindeutig zum Pflichtprogramm eines jeden Hundehalters. Doch selbst unter guten Freunden gibt es gelegentlich Streit. Antiautoritäre Erziehung ist tödlich für Hunde – sie brauchen sozioemotional nachvollziehbare Stabilität. Wenn ich bestimmte Grenzen übertrete, dann hat das Konsequenzen, auch auf der Gefühlsebene.

2. Kooperativ-hündisches Denken

Wir Menschen müssen lernen, „kooperativ-hündisch" zu denken; Hunde müssen lernen, intensiv wahrgenommene Emotionen unter anderem durch eigene Verhaltensstrategien zu verarbeiten. Strukturelle Veränderungen bzw. notwendige Verhaltenskorrekturen bringen nur dann Erfolg, wenn sie ohne rohe Gewalt (Prügel, Tritte, Schläge) in Angriff genommen werden. Emotionale Hilflosigkeit ist weitestgehend vermeidbar, wenn wir Menschen vorher durchdenken, wie unsere Hunde auf das beabsichtigte Verhalten reagieren werden, damit wir nicht wieder in aufbrausender Manier in die alte „Primaten-Falle" tappen.

Beim Kontakt mit unsicheren Hunden empfehlen wir, in die Hocke zu gehen, Blickkontakt zu vermeiden und den Hund selbst entscheiden zu lassen, ob er Kontakt aufnehmen will.

146 | Gefühle, Empathie und Moral

Ein weggelaufener Hund wird von seinem Frauchen nach dem Zurückkommen verbal aus der Gruppe geschickt.

Was bedeutet das für mich als Hundehalter?
Eine gezielte, der jeweiligen Situation angepasste, Umsetzung von nicht-körperbetonten und körperbetonten Abbruchsignalen ist hier ausdrücklich nicht gemeint!

Das Märchen vom stets „souveränen Rudelchef" hat vielerorts zur Unsitte geführt, Hunde entweder ständig nach Gutdünken „nett" zu behandeln, oder zum anderen Extrem, sie auf sozioemotionaler Ebene kaum zu beachten. Beides ist *nicht* kanidengerecht. Ein unüberlegter Ausstoß aus dem Gruppengeschehen schürt Minderwertigkeitsgefühle, emotionale Enttäuschung und Frustration beziehungsweise Protestverhalten (siehe Foto links).

Daraufhin versucht dieser Hund vom Typ „Seelchen", über Beschwichtigungssignale wieder Kontakt zur Gruppe aufnehmen zu dürfen, was ihm sofort gestattet werden sollte.

3. Emotionales Wohlbefinden

Gesundheit und eine authentisch zum Ausdruck gebrachte Gefühlswelt gelten als Schlüssel für allgemeines Wohlbefinden. Gutes Befinden steht nach D. Broom (1998) generell im Zusammenhang mit Gefühlen wie Freude und Zufriedenheit. Gefühle sind nur ein Teil des tierischen Verhaltensrepertoires, um mit sämtlichen Umwelteinflüssen fertig zu werden. Positive Gefühle wie Freude oder Erregung und negative Gefühle wie Furcht oder Schmerz basieren auf den gleichen evolutionsbiologischen Langzeitprozessen wie alle andere Verhaltensweisen auch. Dauerhafte Differenzen und Konflikte mit nahestehenden Gruppenmitgliedern sind besonders belastend, weil die Beziehungspartner unter einem angespannten Verhältnis leiden. D. Broom (1999) definiert Leiden, wenn ein (oder mehrere) negative Gefühle mehr als einige Sekunden andauern.

Was bedeutet das für mich als Hundehalter?

Wenn wir Konflikte sofort austragen und aus diesem Verständnis heraus Leidensphasen minimieren, gewinnen wir neben Klarheit auch mehr emotionale Zufriedenheit. Mitunter gilt es, sich schrittweise aus oft (unabsichtlich) verhaltenskonditionierten Bindungsabhängigkeiten zu lösen, um dem Beziehungspartner „auf Augenhöhe" gegenübertreten zu können. Wenn Sie Ihr Hund z.B. selbst noch ins Badezimmer oder zur Toilette verfolgt, bindet er sich allem Anschein nach zu eng an Sie. Schließen Sie deshalb die Tür hinter sich; der Hund muss draußen warten, was er nach einigem Üben auch akzeptieren wird (siehe Foto rechts).

Abschließend sollte allen Hundehaltern klar sein, dass Hunde sich nur dann wirklich wohlfühlen können, wenn deren soziobiologische *und* sozioemotionale Beziehungsebene gleichrangig und *nicht* unabhängig voneinander Berücksichtigung findet. Auf die Frage, wer ein „guter" Hundetrainer ist, die wir im Übrigen oft gestellt bekommen, haben wir eine simple Antwort: Hundehalter können sehr schnell feststellen, ob jemand „einseitig" arbeitet, beispielsweise *nur* über Methoden jagdlicher Auslastung (Ersatzbeutetraining und Ähnliches), bzw. ständige Futterbelohnungen (= biologische Ebene) oder auf der anderen Seite nur mit Nettigkeiten (z.B. Streicheleinheiten), bzw. im anderen Extrem über Leinenruck oder gar Wutausbrüche (sozio-emotionale Ebene). Ideal ist ein Trainer, dem es gelingt, *beide* Ebenen zusammenzuführen und der sich infolgedessen beweist, Hundeverhalten in seiner Gesamtheit zu verstehen.

AFFE TRIFFT WOLF

Mensch und Hund im Haus

Hausstandsregeln versus Ritualeinübungen

So wie es nach heutigem Wissensstand aussieht, ist der Mensch nicht der einzige Primate, der in „Höhlen" wohnt. Dieser Lebensstil ist auch manchen Pavianhorden oder anderen Affenarten durchaus geläufig. Wölfe graben bekanntlich Höhlen, übernehmen sie manchmal einfach von Kojoten oder Füchsen, leben aber nicht mit der ganzen Familie in ihnen. Das tun nachweislich nur Muttertiere und deren Welpen.

Abgesehen von Wurfhöhlen nutzen Wölfe aber sehr wohl gemeinsame Lagerstätten wie beispielsweise Höhlenumgebung und Rendezvousplätze. Diese dienen im Großen und Ganzen als *ganzjährige* Anlaufstellen. Diese „hausähnlichen" Familienaufenthaltsorte des Wolfes (Kernreviere) bestehen aus strategisch klug gewählten Ein- und Ausgangsbereichen nebst Beobachtungsposten, aus Spielplätzen, Schlafkammern (Mulden) und Vorratsbunkern. Fließendes Wasser ist in Form eines Baches ebenfalls vorhanden. Es ist vor allem dieser innerterritoriale Bereich, der geradezu leidenschaftlich intensiv mit Duftmarkierungen gekennzeichnet wird.

Weiß man um die Gesetzmäßigkeit des „Burgfriedens" (= keine Angriffe auf große Beutetiere in der unmittelbaren Höhlenumgebung), so kann man daraus schließen, dass Wölfe zur Nahrungsbeschaffung und territorialen Abgrenzung einen gesonderten Aktionsbereich nutzen, das Außenrevier. Aus Gründen der Routine und „Bequemlichkeit" sowie der *gelöst familiären* Atmosphäre halten sich Wölfe bevorzugt „Zuhause" auf.

Indem wir aufschreiben, was wir beobachten, erkennen wir auch sehr schnell, wie und warum „im wölfischen Haus" irgendwie alles glatt läuft. Wie ein Verhaltensmodell für bestimmte familiäre Sitten und Gebräuche ganz pragmatisch aussieht, das haben wir von Wolfseltern „abgekupfert". Die leben uns nämlich in ihrer Beziehung zum Nachwuchs Jahr für Jahr ein Kombinationsprinzip der Ritualisierung von strikten *und* flexiblen „Hausregeln" vor. Es ist ein Plädoyer an alle aufgeschlossenen Hundehalter, dieses von gegenseitiger Rücksicht geprägte Sozialmodell in ähnlicher Weise daheim anzuwenden.

Bedürfnis nach Geselligkeit

Die soziale Mischgruppe Mensch-Hund ist eine Art erweiterter Familienverband. Die meiste Zeit des Tages lebt man gemeinsam im Haus. Der Mensch bestimmt den Tagesablauf. Der Hund ist bemüht, Rangbeziehungen mit relativ geringem Aufwand aber stetiger Erinnerung an den Status quo aufrechtzuerhalten. Zu seiner Rudelphilosophie gehört jedoch vordergründig ein inneres Bedürfnis zur kooperativen Geselligkeit.

Bleibt nur noch die nicht ganz unerhebliche Frage, wie „Primate und Sofawolf" ihr räumlich und zeitlich enges Zusammenleben arrangieren wollen? Soll die alte Primateneigenschaft des Egoismus obsiegen (der eigene Gewinn ist das Wichtigste!), oder ist man bereit, dem Hund eine verständliche Daseinsnische anzubieten, indem man Ressourcen zumindest situativ mit ihm teilt? Irgendwie muss sich der Mensch entscheiden, wie was geregelt werden soll.

Seien wir doch mal ehrlich. Im Vergleich zum wilden Wolf erleben Hunde im Zusammenleben mit uns täglich zahlreiche Einschränkungen. Wir kontrollieren alles, was Spaß macht, und reduzieren sie auf einen Zustand „stummer Kapitulation". Der Autor Ted Kerasote (2011) hat es einmal mit einer abgemilderten Form des „Stockholm-Syndroms" verglichen (Geiseln entwickeln positive Gefühle für ihren Peiniger) und gefragt, ob die Loyalität unserer Hunde echte Zuneigung ist oder die betäubte Reaktion von Gefangenen auf ihre Gefängniswärter.

Uns fällt immer wieder auf, dass die freundlichsten und sozialsten Hunde oft bei Obdachlosen oder Punkern zu finden sind, die in den Straßen der Großstadt leben. Liegt es daran, dass sie ständig mit ihrer Bezugsperson zusammen sind und meist auch vierbeinige Spielgefährten haben? Liegt es an einer gewissen Art von „Freiheit", die sie haben? Widerspricht das nicht unserer eigenen Aussage, dass wir ohne Regeln „Anarchie" haben? Natürlich gibt es gesellschaftliche und andere äußere Zwänge, die eine grenzenlose Freiheit von Hunden gar nicht zulassen. Aber nach allem, was wir beide von Wölfen wissen, trauen wir unseren Hunden inzwischen sehr viel mehr Verantwortung und Selbstbestimmtheit zu. Bedauerlich nur, dass hier der Mensch dazwischen funkt und die schöne heile Hundewelt verkorkst.

Hausordnung

Darum macht es nach unserer Erfahrung Sinn, eine gewisse strukturelle Hausordnung für alle Beteiligten aufzustellen.

Aber unter der Zauberformel „Hausstandsregeln" versteckt sich seltsamerweise jede Menge Stereotypie. So wird beispielsweise oft empfohlen, sich in unserer Beziehung zum Hund wie ein Mensch zu verhalten, der die Führung hat. Richtig! Wäre da nicht das schon angesprochene Grundproblem: „Viele Menschen benehmen sich hundeartig, aber

Auch wenn sie von der Gesellschaft oft gemieden werden, kümmern sie sich meist vorbildlich um ihre Hunde.

Hunde brauchen zum „seelischen" Ausgleich regelmäßig die Möglichkeit, frei zu laufen und sich „auspowern" zu können.

andere führen sich noch wie Schimpansen auf." (Schleidt & Shalter 2004) Menschen, die das Machogehabe eines Schimpansenoberhaupts nicht sein lassen können, bestehen auf strikte Ressourcenkontrolle, auf einer „Null-Toleranz-Politik" ohne Kompromisse. Andere, die zu mehr Großzügigkeit tendieren, finden das peinlich. Wie soll man die Grundregeln zusammenfassen und bewusst machen, die der biologischen *und* sozioemotionalen Grundausrichtung beider Spezies gerecht werden (siehe Foto oben)?

Bei den häuslichen Formen menschlicher Lebensgemeinschaften reicht das Spektrum vom Singlehaushalt bis zur Großfamilienstruktur, vom Appartment im 23. Stock eines Hochhauses bis hin zum Einzelhaus mit großem Garten. Hinzu kommen, wie bereits erwähnt, unterschiedliche Grundcharaktere und Persönlichkeitstypen. Genau wie beim Hund, dessen Rassevielfalt und hundetypen-bestimmende Verhaltensbesonderheiten natürlich auch zu berücksichtigen sind. Direkte und indirekte Probleme sind vor allem dann vorprogrammiert, wenn Menschen allen Ernstes glauben, die Toleranzfähigkeit von Hunden sei grenzenlos. Kaniden sind evolutionsbedingt wahre Anpassungskünstler. Anstatt offenes Kampfverhalten in den Vordergrund zu stellen, betreiben sie lieber momentanes Konfliktmanagement. Wer vernünftige Arrangements zur Zusammenarbeit trifft, verhindert ständige Streitereien mit Familienmitgliedern. Im Gegensatz zum allgemeinen Glauben ist das kanidentypische

Grundprinzip eigentlich für jeden Hundehalter einfach *und* effektiv umsetzbar – vorausgesetzt, er erinnert sich an den alten, komplexen Prozess der Ko-Evolution, der einst vor Hunderttausenden von Jahren *wechselseitige* Verhaltensverflechtungen formte (siehe Foto unten).

Wie soeben dargelegt, steckt hinter der Verbindung Mensch-Hund mehr System, wenn wir insbesondere im Haus Verhaltensrituale *gemeinsam* einüben. Hier geht es nicht um Gleichberechtigung. Die ist für Kaniden nicht erstrebenswert. Hier geht es aber auch nicht um Diktatur. Die sollten wir seit Menschwerdung des Affen durch wölfische Verhaltensbeeinflussung in der Vergangenheit heute zu den Akten gelegt haben. Wir Hundehalter müssen unsere Autoritätskompetenzen so interpretieren, dass wir ganz im Kanidensinne mehr Wert auf wohlwollende Führung und Beziehungspflege legen als auf selbstherrliche Macho-Allüren von Primatenchefs. Hunde, deren Halter in falsch vorgelebter „Schimpansen-Manier" alles haarklein vorschreiben wollen, verhalten sich zunehmend genervt.

Jede Beziehungspartnerschaft erfordert ein klug durchdachtes Konfliktmanagement. Wie intelligent die Methoden dazu auch sind – eine Grundzutat gilt es gänzlich auszuräumen: die Ausrede. Viele Hunde-

Wir können von Wölfen viel lernen: Hier führt Blizzard zwei junge Geschwister verantwortungsvoll und gefahrlos über die Straße.

leute suchen Zuflucht in den abstrusesten Hypothesen, die rechtfertigen sollen, wozu man „Hausstandsregeln" braucht oder nicht. Obwohl sich halb Deutschland über diesen Begriff aufregt, so sind diese Regeln im Grunde genommen bestenfalls nur von uns Menschen vorgegebene, durch *Ritualhandlungen* mit dem Hund eingeübte „Kompromiss-Lösungen". Ohne irgendeinen bestimmten Erziehungsstil abwerten zu wollen, ziehen wir folgendes Fazit: Konsequenz ist Trumpf. Trotzdem bewirken großzügige Gesten oft, dass ein Beziehungspartner entspannt und offener auf Vorschläge reagiert (siehe Foto unten).

Was bedeutet das für mich als Hundehalter?

Allen Menschen recht getan, ist eine Kunst, die keiner kann. Infolgedessen sollten wir Hundehalter selbstkritisch überlegen, in welchen Punkten wir ohne grundlegende Veränderungen situationsbedingt nachgeben können (flexible Handhabung), beziehungsweise welche Verhaltensweisen wir unter Einbeziehung hundlicher Grundbedürfnisse generell nicht akzeptieren (strikte Handhabung). Menschen müssen die Regeln auf „ihre Hausstandsfragen" individuell selbst finden dürfen. Wir sehen das Ganze, wie wir es dankbarerweise von den Wölfen

„Gelegenheit macht Diebe". Das Stehlen von Lebensmitteln sollte eigentlich genau beobachtet und strikt verboten sein!

Hausstand-Notizen (Beispiele!)

Strikte Regeln

- keinen Besuch anspringen
- nicht am Tisch betteln
- kein Spielzeug der Kinder klauen

Flexible Regeln

- darf manchmal auf die Couch
- darf manchmal in die Küche
- darf Streicheleinheiten einfordern

---

lernen durften, ganz und gar von der effizienten Seite: Stellen auch Sie einfach eine persönliche 2-spaltige Auflistung zusammen: In der linken Spalte notieren Sie alle strikten Regeln, an die sich alle menschlichen und hundlichen Beziehungspartner halten müssen, in der rechten Spalte notieren Sie die flexiblen Regeln und somit Dinge, die Sie nicht als ultimativ wichtig erachten.

Ein repräsentativer Hundetag im Hause Bloch

Uns beiden ist sehr wohl bewusst, dass nicht alle Leute mit ihren Hunden so leben können wie wir. Da wir beide schon so unterschiedlich leben, sollen unsere Tagesabläufe mit Hund nur eine kleine Hilfestellung sein, wie man es machen *könnte*. Wir hoffen mit unserem Beispiel zu demonstrieren, dass alle Mitglieder einer gemischten Sozialgruppe – egal welchem Grundcharakter sie angehören – sich irgendwie auf ein gemeinsames Ziel einigen können. Wo ein Wille, da ein Weg!

Wer Selbstreflektion anmahnt, sollte sich natürlich auch selbst an die Regeln halten. Darum also hier nochmals unsere persönliche Charaktertyp-Analyse mit anschließendem Tagesablauf:

Ich – gesellig-dynamischer A-Typ, schätze mich als quirligen, hoch emotionalen, nicht besonders diplomatischen, mitunter zu unbedacht und zu ungeduldig handelnden, aber insgesamt zur Teamarbeit bereiten, humorvollen Menschen ein. Manchen Leuten gehe ich beizeiten auf den Wecker, weil ich es über alles liebe, stundenlang zu argumentieren. Meine Frau Karin ist eher das Gegenteil: gesellig-kumpelhafter B-Typ, ruhig und geduldig, leise und teambereit, mit starkem Hang, alles so lange wie möglich hinauszuschieben. Seit 1983 sind wir ein Paar, seit 1989 verheiratet, sind alle beide „wolfs- und hundeverrückt" und an unserem gegenseitigen Verständnis hat sich bis heute nichts grundlegend geändert.

Zurzeit leben wir beide zusammen mit zwei Hunden: Timber, seines Zeichens gesellig-dynamischer „Kontrolletti-A-Typ", einem hoch agilen und cleveren Jäger (stellt/verbellt Eichhörnchen und fängt Kaninchen, die er auch fressen darf). Timber hat den Schalk im Nacken, ist kooperativ, verspielt, seinem Grundcharakter entsprechend sehr penetrant und kein guter Wächter. So wie Timber selbst fremde Menschen jederzeit freundlich empfängt, so misstrauisch ist Raissa. Sie würde am liebsten jeden revierbedrohenden Fremdling aus dem „Tempel" jagen. Miss Owtcharkas ordnen wir dem geselligen „Seelchen-B-Typ" zu, gemütlich und abwartend, tendenziell eher scheu, leise und ruhebedürftig.

Eigentlich sind wir keine Frühaufsteher, aber im Sommer klingelt der Wecker gegen vier Uhr morgens – wir schätzen halt ungestörte Freilandbeobachtungen an Wölfen, Raben und an Tieren ganz allgemein. Unsere Hunde schlafen im Bett. Timbers herausragendes Verhaltensmuster ist, uns mit den Augen bis ins kleinste Detail zu verfolgen. Sobald einer wach ist, hopst und springt er begeistert herum. Raissa ist das alles ziemlich schnuppe, außer dass Timber sie so früh am Tag mit seiner aufdringlichen Agilität nervt. Erstes *Ritual* im Hause Bloch: freundliche Begrüßung der Hunde. Erste *flexible* Regel im Hause Bloch: Raissa darf Timber, wenn der sie nervt, fixieren, anbrummen, die Lefzen anheben und dessen

Signalisierung von hundetypischen Drohgesten zur Einübung von „Benimmregeln" seitens Harley (rechts) in Richtung Timber.

Bewegungsradius einengen, es sei denn, sie übertreibt es maßlos (zum Beispiel minutenlanges „In-die-Ecke-Drängen").

Die zweite Phase des allmorgendlichen *Rituals* spielt sich für die Hunde im Garten ab, wo sie ihre Runden drehen, schnüffeln, pinkeln und zwanzig Minuten weitestgehend machen können, was sie wollen. Ja, wir sind privilegierte Menschen, die nicht schon in aller Herrgottsfrühe spazierengehen müssen. Derweil trinken wir für gewöhnlich unseren Kaffee. Danach rufen wir die Hunde nach dem gleichen *Ritual* rein („Guck mal hier"), geben ihnen als *strikte* Regel eine Kleinigkeit zu fressen. Sollte schlechtes Wetter sein, heißt zuvor die nächste *strikt* eingehaltene Routine: Hunde abtrocknen, Pfoten abputzen. Sollte trotzdem einer der Hunde versuchen, dreist den Eingangsbereich unseres Hauses zu passieren, schmettern wir ihm mit warnendem Unterton sogleich das ebenfalls schon *ritualisierte* verbale Abbruchsignal „Spinnst du?" entgegen (siehe Foto unten).

Dann machen wir uns zum Aufbruch fertig. Allerdings verlassen wir unser gemeinsames Domizil nie, ohne die *strikte* Handlung umzusetzen: Gartentor öffnen, die Hunde erfahren eine klare Freiraumbegrenzung, müssen warten – planloses Herausstürmen auf die Straße ist verboten! Am Geländewagen erwartet die Hunde eine *flexible* Handha-

Junghunde müssen auch im Umgang mit erwachsenen Tieren lernen, Misserfolge zu verarbeiten bzw. einmal den „Kürzeren zu ziehen".

bung: Das Kommando „Sitz und Hopp" setzen wir nur manchmal um. Raissa nimmt ihren gemütlichen Ruheplatz im hinteren Fahrzeugteil ein, Timber auf der Rückbank. Die Fahrt in Richtung Wolfsgebiet dauert im Schnitt eine dreiviertel Stunde. Raissa schläft den Schlaf der Gerechten. Timber muss als „Kontrolletti" alles genau wissen und beschäftigt sich mit „Gucken". Dort angekommen öffen wir, unabhängig von der Tagestemperatur (selbst im Winter bei minus dreißig Grad Celsius!), *strikt* ein Autofenster, damit uns Timber per „Orientierungswittern" über jede Wolfssichtung informieren kann.

Bald ist der erste Kontakt zwischen Wolf und Rabe, Mensch und Hund hergestellt, an dem Raissa null Interesse zeigt. Timber braucht nur eine *strikte* Regel zu befolgen: kein Bellen! Sonst konfrontieren wir ihn mit einem körperbetonten Abbruchsignal, einem deutlichen Fell-Zwicken – „positiv verstärkt", versteht sich!

Wie lange wir uns im Studiengebiet aufhalten, Feldnotizen machen und videografieren, hängt von den Umständen ab. Ob die Ergebnisse (im Durchschnitt aus drei bis vier Stunden direkter Beobachtung) wirklich neue Erkenntnisse bringen, weiß man immer erst hinterher. Häufigkeitszählungen gehören dennoch zum Grundprogramm. Zum Ende der morgendlichen Arbeit hin gehen wir *strikt* eine knappe Stunde lang gemeinsam spazieren. Freizeitgestaltung handhaben wir *flexibel*: erkunden, laufen, markieren, buddeln, Kleinbeute stellen, spielen, andere Menschen und ihre Hunde treffen. Um „dramatische" Nebenwirkungen zu vermeiden, lassen sich zwei *strikte* Regeln nicht umgehen: Unsere Hunde dürfen *niemals* unaufgefordert zu Artgenossen rennen und *niemals* offensives Kampfverhalten umsetzen. Auch wenn es gemeinhin als zu gefährlich gilt, brechen wir das schon im Ansatz *strikt* ab. Das tun wir selbstsicher und präzise in körperbetonter Ausrichtung. Wir ignorieren potenzielle Konflikte nicht. Wir gehen *strikt* mitten hinein, um sie sofort zu lösen.

So ist es uns während dutzender Hundewanderungen gelungen, nachzuweisen, dass nach ein, zwei „freundlichen" Ansprachen Ruhe einkehrt an der Hundefront. Wer das nicht hinbekommt – was ja per se nichts Schlimmes ist –, sollte dringend professionelle Hilfe in Anspruch nehmen. Ausreden bringen überhaupt *nichts*. Irgendwo muss sie ja nun liegen, die individuelle Grenze der menschlichen Durchsetzungsfähigkeit. Gründe dafür gibt es viele. Diese herauszufinden, ist für jeden Hundehalter langfristig zu seinem Besten.

Aber zurück zum Tagesablauf: Zuhause angekommen, *muss* Raissa unser Grundstück patrouillieren. Man weiß ja nie, ob sich ein territorialer Eindringling hinter irgendeinem Busch versteckt hat. Timber liebt Renn- und Objektspiele. Zwanzig Minuten dauern unsere gemeinsamen *Spielrituale* im Allgemeinen. Dabei verhalten wir Menschen uns körpersprachlich so gut wir können *wie* Hunde, springen, hopsen herum, nehmen eine Vorderkörpertiefstellung ein, wie sie es tun. Na und?

Nach einer solchen gemeinsamen Aktion *muss* Timber dringend sein eigens angelegtes „Holzklötzchen-Depot" überprüfen und dieses gegebenenfalls komplett neu anordnen. Dabei gibt er sich gerne höchst geheimniskrämerisch. Wenn er könnte, würde er – gemessen an seinem Gesichtsausdruck – uns sehr gerne, „vor sich hin flötend", von seinem Depot weglocken. Zur Erinnerung: Die Rede ist hier von einem gnadenlosen „Kontrollfreak". Und die hassen nun mal unübersichtliche Sachlagen (siehe Foto rechts). B-Typ Raissa rollt sich auf der Wiese und findet Timbers Kontrollwahn nur noch lächerlich. Zwischenzeitlich unternimmt der alles Erdenkbare, um Raissa zu mehr „Action" zu bewegen, zum gemeinsamen Spiel. Beschreiben wir nun deren Reaktion, bleibt festzuhalten, dass die hundliche Evolution noch keinen „Stinkefinger" entwickelt hat, den Raissa bei solchen Gelegenheiten bestimmt zielgerichtet zeigen würde.

Höher, schneller, weiter – Timber probiert die Aktivphase hinauszuzögern, Raissa nicht, die *strikte* Regel heißt: Feierabend jetzt, rein geht's. Ein weiterer Dauerbrenner in Sachen *strikter* Regelbefolgung erwartet unsere Hunde im Haus: „Erhöhte Sitzplätze" mit Decke darf man – ohne darum betteln zu müssen – in Beschlag nehmen, wann man will, wie oft man will. Möbelstücke *ohne* diese Kennzeichnung niemals. Wer sich nicht an diese Eindeutigkeit hält, naja, das positiv verstärkte Prozedere kennen Sie ja schon ...! Ansonsten lassen sich die Hunde dort nieder, wo sie wollen. In der Norm dauert unsere gemeinsame Inaktivphase plus minus drei Stunden. Gemeinsame Nickerchen mit Körperkontakt auf Couch oder Fernsehsessel verstehen wir nicht als Muss, sondern als gerne in Anspruch genommenes *Ritual*. Liest einer von uns ein Buch und Timber oder Raissa wollen stupsend Kontakt aufnehmen, heißt die, vom Wolf gelernte, *strikte* Grundregel: Ruhestörung nicht erlaubt, ansonsten ...

Timber legt gerne ein „Ersatzbeute-Arsenal" an, wenn ihm langweilig ist.

Feste, für die Hunde strategisch ungünstige Liegeplätze sind *etabliert*, z.B. für den Fall, dass Besuch kommt (siehe Foto oben).

Alarmbellen ist *ausdrücklich* erwünscht. Wie lange es andauern darf, unterliegt einer *flexiblen* Regelung. Fremde quittiert Kaukasin Raissa mit einem gesunden Misstrauen, Bekannte mit Gelassenheit. Offensichtlicher ist der Fall für Timber, der alle Menschen enthusiastisch anspringen würde, wenn er es bloß dürfte. Raissa soll Fremde ausgiebig beschnüffeln, muss sich anschließend jedoch *strikt* forciert auf den ihr anvisierten Platz zurückziehen. Darauf bestehen wir. Immer! Timber *muss* sein menschenfreundliches Grundverständnis im Zaum halten. Zuwiderhandlungen korrigieren wir *strikt* über eine Hausleine. Sitz, und gut ist. (Foto S. 161, links)

Zu den beliebtesten Verhaltensmustern unserer Hunde gehört gemeinsames Herumlungern mit Frauchen in der Küche. Timber *darf* ihr hinterherlaufen, vom Eisschrank zum Herd und wieder zurück. Raissa ist das viel zu anstrengend. Das Lieblingskommando von Herdenschutzhunden ist „Platz! Bleib!". All das ist jedoch nicht darauf zurückzuführen, dass nach unserer *flexiblen* Regelung etwas Fressbares abfallen *kann*, *sondern* weil es ein *striktes* Ritual ist, zusammen warm Mittag zu essen. Hinzu kommt der „pure Zufall", der immer wieder *flexible* Überraschungen hervorbringen kann: Pizzakruste, Knorpel, Hühnchenfleisch- oder Steakstückchen, Spaghetti. Was unsere Hunde fressen? Antwort: Einfach alles. Zu viel Hausmannskost führt jedoch dazu, dass sie nicht ausgewogen ernährt würden. „Alles in Maßen", gaben unsere Großeltern stets zum Besten. Simpel und doch außerordentlich genial (siehe Foto unten rechts)!

Wenn einer von uns hochgeht, zur ersten Etage unseres Hauses, folgt Timber garantiert. Neugierde muss schließlich Befriedigung finden. Raissa käme nie auf diese Idee. Energie sparen, lautet eines ihrer Grundprinzipien. Besonders beliebt für Timber ist, die Treppe herunterzurasen. Dumm nur:

Unsere *strikte* Regel gestattet dies nicht, sondern verlangt, hinter uns zu bleiben, damit wir nicht dreist über den Haufen gerannt werden. Dafür lässt sich die Frage, ob und wann unsere Hunde durch Eingangsbereiche in diverse Räume gehen, inklusive Badezimmer, wiederum *flexibel* gestalten. Nur der Zutritt zum Vorratsraum, da wo die attraktiven Nahrungsmittel gelagert sind, ist *strikt* tabu.

Unsere Hunde sollen Fremde durch kontrolliertes Bellen anzeigen!

Auch unser Hund Timber wurde von jung an, abseits irgendwelcher „Artgerechtigkeitsphilosophien", stets variabel ernährt.

Von Leitweibchen „Faith" (links) und ihrer Tochter „Blizzard" (rechts) haben wir bestens lernen dürfen, wie „Arbeitsteilung" in Bezug auf die Unterrichtung von vierbeinigem Nachwuchs funktioniert.

Normalerweise gehen wir am frühen Nachmittag alle zusammen *strikt* eine bis eineinhalb Stunden spazieren und Tiere „gucken". Anschließend fahren wir wieder ins Wolfsgebiet. Heutzutage sind Freilandmethoden weitaus raffinierter als früher: Ein Trick ist, Foto-Fallen zu installieren, um das Bildmaterial im dreiwöchentlichen Turnus herunterzuladen. Jeder Fund von Wolfskot bis Urinmarkierungen bringt noch Informationen dazu. Diese anzuzeigen – der Natur auf der Spur –, ist *strikt* Timber überlassen. Es ist sein Job, den er blendend ausführt. Währenddessen liegt Raissa im Auto oder geht mit, beschnüffelt aber nur, was sie für subjektiv wichtig erachtet. Nach einer solchen Inspektion nehmen wir alle wieder Platz im Auto. Wenn es auch *noch* nach Zukunftsmusik klingt, so haben Timber und wir beschlossen, eines Tages jeden Raben individuell erkennen zu können. Daran arbeiten wir fieberhaft, wie es sich für zwei A-Typen geziemt. Zusammenarbeit kurbelt das Wir-Gefühl an. Eine das Selbstbewusstsein steigernde Wirkung ist, dass wir *alle* Wolfsindividuen seit geraumer Zeit gemeinsam identifiziert haben. Darauf sind wir stolz (siehe Foto oben).

Es war ein langer Tag, wenn wir uns spät abends wieder ins Haus begeben. Die Hunde spielen noch etwas im Garten. Karin bereitet das Abendessen vor. Timber gibt sich überrascht, dass sein Futternapf noch nicht bereitsteht, nachdem er die Küche betreten hat. Raissa nimmt's gelassen, obwohl auch sie verfressen ist. Dann gibt es endlich Futter, die Schüsseln sind in Null-Komma-Nix geleert. Wir bemerken, wie die Hunde stets genau verfolgen, wer wohin geht. In einem ordentlichen Mensch-Hund-Haushalt beobachten sich Gruppenmitglieder fast ständig und wissen genau, wer wer ist und wer was gerade macht. Hier und da fällt im Esszimmer noch ein kleines Häppchen ab. Wer die *strikte* Regel ignoriert, neben dem Tisch abwartend liegen zu bleiben, bekommt gar nichts. Das fällt Timber besonders schwer. Da dieses Musterbeispiel eines extrovertierten Typs immer in Richtung eigener Überanstrengung tendiert, sind wir Menschen gefordert, ihm buchstäblich viel Ruhe „aufzuzwingen".

Auch ohne extra Aufforderung geht es nun ins Wohnzimmer, ein wenig Fernsehen schauen. Die *strikte* Regel, uns nun bloß kein „Quitschi" zu apportieren oder von uns irgendeine gemeinsame Aktivität abzuverlangen, hat sich unter den Hunden seit Langem herumgesprochen. Mit einer Ausnahme, die irgendwann am Abend so sicher wie das Amen in der Kirche kommen wird: Wer gelegentliche Streicheleinheiten „einfordert", *darf* das tun. Wir sind uns dieser Form von „aufmerksamkeitsbestätigender Manipulation" natürlich bewusst, handhaben sie aber trotz alledem *flexibel*. So what, jeder Bloch-Hund ist einer von *uns!*
Der Abend neigt sich dem Ende zu. Timber und Raissa gehen nochmal zum Pinkeln in

den Garten. Das war's mit der Berichterstattung in Bezug auf zwei anstrengende, gesellige A-Typen (G. Bloch und Timber) bzw. zwei viel angenehmere, gesellige B-Typen (K. Bloch und Raissa). Nein stopp, noch eins: Wir landen alle wieder per *strikter* Gewohnheit zusammen im Bett. Dass Timber und Raissa sogleich den „Alphatraum" träumen, wie man uns menschliche Sozialpartner mit hohem Sozialrang aus Hundesicht am effektivsten vom Thron stürzen kann, leugnen und ignorieren wir Blochs weiterhin unbelehrbar!

Ein repräsentativer Hundetag im Hause Radinger

Ich habe das große Glück, als freie Autorin meinen Beruf zu Hause ausüben zu können. Außerdem schätze ich als überzeugter Single meinen *flexiblen* Tagesablauf. Gleichwohl sind feste *Rituale* für meine Kreativität wichtig. Meine Hündin ist ein selbstverständlicher Teil davon.

Shira ist eine sechsjährige (kastrierte) Mischung aus Labrador und Flatcoated Retriever. Ich habe sie mit acht Wochen bekommen und konnte sie so wunderbar sozialisieren. In ihren ersten Wochen ist sie nicht nur im Auto, Zug und im Einkaufswagen von Obi mitgefahren, sondern hat auch Stadtbesuche mit mir gemacht und andere Menschen und Hunde kennengelernt. Wir gehören beide zur zurückhaltenden, ruhigen B-Typ-Kategorie (jedoch „modifiziert gesellig"), wenngleich Shira besonders bei der Begrüßung von Menschen durchaus einige A-Typ-Qualitäten (ein Mensch, ein Mensch, hurra ein Mensch!) in den Vordergrund stellen kann.

Unser Tag sieht wie folgt aus:
Rrrrrums … vierundzwanzig Kilo Hund landen um Punkt fünf Uhr auf meinem Bauch. Eine feuchte Zunge besorgt die erste Morgenwäsche. Hundeküsse, Liebe, Geborgenheit. Der Tag beginnt mit dem Kuschelfaktor. Shira schläft *strikt* in ihrem Korb neben dem Bett. Früher haben meine Hunde mit mir das Bett geteilt. Da ich aber schon alleine unruhig schlafe, wurde mir das irgendwann zu viel. Jetzt haben wir beide eine ungestörte Nachtruhe. Das morgendliche Kuschel*ritual* möchte ich nicht missen.

Zeit zum Aufstehen. Wir gehen nach unten in die Küche. Ich schalte die Kaffeemaschine ein, während ich den Hund zur ersten Inspektionsrunde in den Garten lasse (*Ritual*). Als „Lerche" gehöre ich zu den begeisterten Frühaufstehern. Normalerweise bin ich zwischen vier und fünf Uhr wach und munter, was natürlich auch bedeutet, dass ich für abendliche Aktivitäten ein hoffnungsloser Fall bin.

Unser Morgen beginnt entspannt. Ich bereite das Frühstück zu, gebe Shira einen Hundeknochen (*strikt*) und setze mich in meiner Leseecke in den großen Sessel. Ich genieße es, meinen Tag mit einem ausgiebigen und langen Frühstück zu beginnen. Das Marmeladebrötchen auf dem Teller, der große Pott

Was kann ein Hund dafür, wenn die Hundedecke zu kurz für die Couch ist – oder der Hund zu groß … Manche Dinge muss man nicht so eng sehen.

Kaffee und die Tageszeitung, die Shira zuvor begeistert apportiert hat (*Ritual*). Natürlich liegt sie für die nächste Kuschelrunde auf meinem Schoß. Während ich frühstücke, streichle ich sie gelegentlich (die Hygieniker wird es grausen) und wünsche mir, ich wüsste, wovon sie schmatzend und zuckend träumt. Nur wenige Zentimeter vor ihrer Nase steht der Brötchenteller, aber Shira kennt die *strikte* Anweisung, dass Menschenfutter so lange tabu ist, bis es ihr angeboten wird – auch wenn es in Augen bzw. Nasenhöhe steht. Also gibt sie vor, fest zu schlafen und eh kein Interesse am Brötchen zu haben, „wacht" jedoch genau im richtigen Moment auf, wenn ich fertig bin und das allerletzte Brötchenstückchen für sie auf dem Teller zurücklasse (*Ritual*).

Dann wird es Zeit, sich für den Tag zu rüsten. Nach der Dusche sitze ich spätestens um sieben Uhr am Computer. Shira holt jetzt die kurze Nacht nach und schläft. Mein Tagesbeginn dagegen sieht deutlich geschäftiger aus: E-Mails lesen, Vortragsanfragen beantworten, Termine abgleichen, Bücher signieren und für den Versand fertigmachen, Druckfahnen für das Wolf Magazin lesen, Artikel für eine Hundezeitschrift fertig schreiben, Buchrecherche, Webseiten und Blogs aktualisieren. Während ich schon die dritte Tasse Kaffee trinke, wechselt Shira *flexibel* zwischen ihren drei(!) Schlafplätzen in meinem Büro hin und her; morgens liegt sie bevorzugt an der Heizung (siehe Foto).

Wenn sie gegen zehn Uhr anfängt, unruhig zu werden, ist Zeit für Bewegung angesagt. Ich fahre den Computer herunter, schnappe mir die Walkingstöcke, schließe das Haus ab, öffne das Hoftor, während Shira *strikt* warten muss (Foto), und fahre mit dem Auto vor. Der Chauffeur öffnet die Tür für Madame, und Shira kommt *strikt* in ihre Box.

Wir fahren in den Wald zu meiner Nordic Walking Strecke. Shira muss *strikt* so lange in der Box warten, bis ich ihr das Kommando gebe: „Los komm!" Dann geht es los. Eineinhalb Stunden werden wir nun unterwegs sein. Shira läuft meist ohne Leine mit (*flexibel*), zumindest dort, wo ich mich auskenne und alles übersehen kann. In der Setzzeit oder in der Dämmerung mache ich sie *strikt* an meiner Joggerleine fest, die ich um den Bauch gebunden habe. Sie gehorcht sehr gut, aber sie gehört nun einmal zu den Jagdhunderassen, und ich habe keine Lust auf unnötigen Stress. Heute läuft sie frei (*flexibel*).

Als ich um eine Kurve komme, sehe ich, dass uns in der Ferne eine Frau mit ihrem Hund entgegenkommt. Ich rufe Shira zu mir und leine sie *strikt* an. Ich bin kein Fan von Der-tut-nix-Haltern, deren Hunde unkontrolliert jedermann belästigen. Als wir näherkommen, erkenne ich Hund und Frauchen. Jetzt dürfen die beiden Hunde abgeleint miteinander toben (*flexibel*), während wir Frauen uns eine Weile unterhalten. Dann geht wieder jeder seiner Wege.

Aus dem Augenwinkel sehe ich, wie Shira plötzlich intensiv zu schnuppern beginnt und in einen deutlich schnelleren Schritt verfällt. Jetzt heißt es aufgepasst. Irgendetwas riecht da mächtig gut.

„Shira! Hiiiiiiier!" (*strikt*)
Ein fragender Blick zurück. Vielleicht könnte man doch …
„Nein! Hierher!" (*strikter*)
Es riecht sehr gut.
„Halloooo! Junge Frau!" (*sehr, sehr strikt*)

Oh-oh. Das war's wohl. Keine Chance. Also zurück zu Frauchen, die auch mächtig lobt. Für eine Weile versucht die Hundedame noch einmal kurz, die Spur aufzunehmen. Aber dann lässt sie sich doch von mir zur Stöckchensuche ablenken. Stolz schleppt sie einen etwa zwei Meter langen Ast herbei, den sie mir dann auch prompt in die Kniekehlen haut, als sie vorbeiläuft. Ich beiße die Zähne zusammen und tue begeistert.

„Ja, was hast duuuu denn da Tolles?"
Sie bringt mir den Stock. Ich nehme ihn hoch, bewundere ihn gebührend und gebe ihn ihr wieder zurück. Den Dummy, den ich manchmal mitnehme, um mit ihr Apportieren zu üben, habe ich diesmal im Auto gelassen. Es gibt nicht jeden Tag das volle Programm (*flexibel*).

Wir laufen weiter, Shira mit ihrem Stock vorweg (siehe Foto).

Hinter mir nähert sich ein Allrad: der Jagdpächter. Ich rufe „Shira, Sitz!" und hebe den rechten Arm: unser Distanzsignal. Es klappt. Shira sitzt *strikt*. Auf mein „Down"-Zeichen" legt sie sich wieder *strikt* hin und wartet.

Das Auto hält, der Fahrer lässt die Scheibe herunter.
„Na Elli! Gehste wieder Wölfe suchen?"

„Klar. Und du Rolf? Gehste wieder Bambis schießen?", scherzen wir. Ich lebe auf einem Dorf. Man kennt sich. Wir unterhalten uns eine Weile und trennen uns in Einigkeit darüber, dass der heimische Wald dringend ein paar Wölfe benötigen würde, um des hohen Wildschweinbestandes Herr zu werden. Als der Jäger weitergefahren ist, rufe ich

In ihrer Hundebox ist Shira auch im Auto sicher untergebracht.

Shira zu mir und bin mächtig stolz auf sie. Ich denke an das anstrengende erste Welpenjahr zurück. Welpenschule, Junghundetraining, Apportieren und Zeiten, in denen ihr zweiter Name „Nein" oder „Lass-das" war. Aber am Ende hat es sich für uns beide gelohnt.

Mittags sind wir wieder Zuhause. Essenszeit (*Ritual*)! Bei meiner Hundemischung treten nun deutlich die Gene des Labradors in den Vordergrund. Sie rührt sich nicht mehr aus der Küche. Während mein Essen auf dem Herd brutzelt, gebe ich ihr zu ihrer Trockenfutterportion ein wenig Hüttenkäse und ein Ei. Ich stelle ihr das Futter hin. Shira sitzt mit tropfenden Lefzen daneben und wartet ganz *strikt* auf das erlösende Kommando „Nimm's dir!". Dann erst stürzt sie sich auf ihr Fressen.

Nun esse auch ich. Oft bleibt noch eine Kleinigkeit übrig, die Shira dann als Nachtisch noch in ihren Napf bekommt (*Ritual*). Diesmal darf sie den Hüttenkäse-Becher auslecken. Mit einer Tasse Kaffee setze ich mich in den Sessel und lese die Post, die Shira wieder vom Briefkasten ins Haus apportieren durfte (*Ritual*).

Unterdessen deklariert meine Hündin ihre verrückten After-Dinner-Minuten (*Ritual*). Sie wälzt sich auf dem Rücken und wirft ihr Spielzeug durch den Raum. Ich schaue ihr zu und muss lachen. Ein indischer Arzt soll herausgefunden haben, dass zwei Minuten Lachen für Körper und Geist so gesund sind wie etwa 20 Minuten Joggen. Na also!

Es klingelt, der Paketbote kommt. Shira bellt kurz – das soll sie auch – und rennt zur Tür. Während ich die Haustür öffne, wartet sie *strikt* an der Tür. Erst auf mein Kommando „Okay" fliegt sie die Treppe herunter zum Tor, um vom Paketboten „ihren" Hundeknochen und ich mein Paket in Empfang zu nehmen (*Ritual*).

Wieder zurück am Computer schreibe ich nun intensiv am neuen Buch. Jetzt brauche ich ein paar Stunden volle Konzentration und *strikte* Ruhe. Shira schläft unterdessen die nächste Runde.

Etwa drei Stunden später klingelt das Telefon. Eine Freundin ruft an. Sie will in die Stadt und fragt, ob ich Lust habe, mich mit ihr auf ein Eis zu treffen. Wer kann das schon ablehnen?

Also Computer aus und auf ins Einkaufszentrum. Shira kommt mit. Wir laufen die fünf Kilometer in die Stadt. So kann ich auch einmal wieder *strikte* Leinenführigkeit üben, das kommt bei den vielen Waldspaziergängen manchmal zu kurz. Mit dem Aufzug geht's in den ersten Stock (Rolltreppen sind tabu) in die Buchhandlung. Dort lege ich Shira mit einem *strikten* „Bleib!" in einer hinteren Ecke ab.

Während ich mich bei den Neuheiten umschaue, sehe ich aus den Augenwinkeln, wie eine Frau auf Shira zugeht und sich zu ihr hinunterbeugt:

„Was bist denn duuuuu für ein schöner Hund?"

Paketboten können „beste Freunde" sein, wenn sie Leckerlis dabei haben.

Die Schwanzbewegungen meiner Hündin breiten sich auf den ganzen Körper und von dort über den Teppichboden der Buchhandlung aus. Sie schaut fragend zu mir: „Darf ich? Darf ich? Bitte bitte, darf ich?"
„Nein! Du bleibst!" (*strikt*)
Enttäuschung pur. Shira bleibt schweren Herzens liegen. Die Kundin hat Mitleid, beugt sich hinunter und streichelt sie: „So ein braves Hundchen!"

Shira auf der Jagd nach dem Ball.

Ich erlöse meinen Hund und gehe ganz *flexibel* mit ihr ins Eiscafé nebenan, wo ich meine Freundin treffe. Shira legt sich unter den Tisch (*strikt*), während ich meine Bestellung aufgebe: „Spaghetti-Eis, Cappuccino und ein Bällchen Vanille im Becher für den Hund." (*Ritual*)
Der Kellner grinst und kommt als Erstes mit „Gelato für die Cane" zurück. Wir drei genießen die Schleckerpause.
Als ich nach Hause komme, geht die Sonne gerade unter. Der Nachbarshund kommt noch auf einen kurzen Besuch vorbei. Der riesige Irish Setter tobt mit meiner Kleinen noch *flexibel* eine Runde durch den Garten, bis ich dem Spiel ein Ende bereite und Jargo *strikt* nach Hause und Shira ebenso *strikt* auf ihre Bürodecke schicke. Ich habe noch zu tun.

Während meine Hündin jetzt eine Runde schnarcht, beschäftige ich mich mit Reisevorbereitungen. Der Flug für die nächste Reise zur Wolfsforschung nach Yellowstone muss gebucht werden. Außerdem reserviere ich hundefreundliche Unterkünfte für eine mehrtägige Wanderung mit Shira auf dem Kellerwaldsteig. Erst kurz vor neun Uhr abends bin ich fertig. Jetzt bekommt meine Kleine noch einen Hundeknochen (*strikt*) und wir kuscheln zum Tagesausklang noch ein wenig auf der Couch vor dem Fernseher (*Ritual*).

Bevor ich ins Bett gehe, lasse ich Shira noch mal in den Garten (*strikt*). Dann schlafen wir beide tief und fest bis zum nächsten Morgen.
Ein ganz normaler Tag in unserem Leben.

Was bedeutet das für mich als Hundehalter?

Hiermit erklären wir alle Hundehalter zu mündigen Bürgern dieses Landes, die selbst in verantwortlicher Art und Weise entscheiden müssen, was sie wollen und wie sie was tun. Erfahrungsgemäß favorisieren wir Menschen und Hunde doch Routine. Unberechenbarkeit und sozioemotionales Chaos haben hingegen fatale Folgen. Dessen sollte sich jeder bewusst sein, *bevor* er sich eines dieser wunderbaren vierbeinigen Geschöpfe ins Haus holt. Wird zudem nicht trainiert, was die *strikten* und *flexiblen* Regeln im Hausstand XY konkret ausmachen, verwandeln sich manche Hundeindividuen in der Tat zu „asozialen Monstern". Somit stellen wir jedem frei, ob er unsere erprobte Version der strikten und flexiblen Regeln nicht doch übernehmen will.

Artgerechte Hundehaltung bedeutet für uns, mit unseren vierbeinigen Freunden eng zusammenzuleben – und auch unsere eigenen Regeln manchmal nicht so ernst zu nehmen.

Wussten Sie ...?

Interessante Infos, die wir Ihnen nicht vorenthalten wollten.

... dass
... Kinder, die die Wahl haben zwischen *einem* Gummibärchen sofort und *sieben* Gummibärchen später, sich für das eine Gummibärchen entscheiden?

... die Beziehungsverbindung von Raben mit Wölfen *keine* zufällige ist? Sie stammt auch nicht als Nebenprodukt vom Vorhandensein oder Fehlen von Nahrung, die dazu führte, dass Raben Kadaver entdeckt und letztendlich ihre natürliche Angst vor neuen Nahrungsquellen unterdrückt haben (D. Stahler, B. Heinrich & D. Smith 2002).

... Hunde das Prinzip von Kommandos kennen? Wenn man ihnen eine Handlung vormacht, die sie vorher noch nie trainiert haben, und dann das entsprechende Kommando gibt, können sie diese Handlung *nachahmen* (K. Kotrschal 2010).

... der Grieche und Schüler von Sokrates Xenophon (426-355 v. Chr.) als erster Kynologe gilt, weil er über die Zucht und Abrichtung von Hunden schrieb, speziell von Jagdhunden?

... der Äthiopische Wolf fast ausschließlich Kleinbeute fängt und *trotzdem* in sozial straff organisierten Familienverbänden lebt, was beweist, dass eine Rudelbildung *nicht* von der gemeinsamen Jagd auf Großbeutetiere abhängig ist?

... Wölfe *hauptsächlich* in Gruppen leben, weil ein gemeinsames Interesse an der Nutzung und Verteidigung von Ressourcen besteht und die Gruppenverteidigung von Beuterissen und schnelles gemeinsames Konsumieren einen hohen Überlebensvorteil bietet? (*Nicht*, weil sie nur so große Beutetiere reißen können, wie es noch in vielen Büchern steht.)

... die Größe eines Wolfsrudels *nicht* von der Größe der Beutetiere abhängt (wie immer noch behauptet wird)? Vielmehr wird die Größe reguliert von sozialen Faktoren und nicht von Nahrungsfaktoren. Dave Mech (2003) entdeckte, dass die Anzahl der Wölfe, die in einer koordinierten Gruppe zusammenleben können, abhängig ist vom Verhältnis der Anzahl von Wölfen, die eine enge Beziehung eingehen können („social attraction factor"), zu der Anzahl von Individuen, von denen sie Wettbewerb tolerieren können („social competition factor").

... es auch für Hunde eine Gruppengrößenoptimierung gibt, die entscheidend von der Konstellation der Beziehungspartner untereinander abhängig ist und deshalb das sogenannte „Hundehoarding" eindeutig und klar als tierschutzrelevant zu definieren ist?

... Hunde *nicht* diejenigen bevorzugt zum exklusiven Bindungspartner auswählen, die sie füttern und besonders freundlich sind, sondern die, die in schwierigen Lebenssituationen am überzeugendsten Gefahren abwehren und sie am effektivsten schützen?

Wussten Sie ...? | 173

Verwilderter Haushund „Snoopy" beobachtet beim Markieren seine Gruppenmitglieder, damit auch alle visuell schon auf Abstand „Bescheid wissen".

... das Recht zum Protest von rangtiefen Wölfen *trotz* ihres niedrigen Sozialstatus von Ranghohen akzeptiert wird?

... in der Hirnrinde übereinander angeordnete Zellschichten beim Hund geringer sind als beim Wolf, was zu einer schlechteren Bilderkennung und Verarbeitung führt (Herre & Röhrs 1990)?

... neue Wolfspaare als Ausdruck von Verbundenheit und Bindungsbereitschaft am häufigsten übermarkieren (Mech 2000)? Das bestätigen auch unsere Studien in Banff.

... dem Markieren verwilderter Haushunde zumeist eher friedlich einzustufende Verhaltensweisen wie „Gruppen-Laufen" oder „Gruppen-Riechen" und *selten* aggressives Verhalten vorangeht (Stöhr 2008)?

... Hunde oft scharren, um auch ein *visuelles* Signal als Hinweis auf eine Markierstelle zu geben?

... Hunde über chemische Signale (Kot und Urin) anhand des Standorts und Frischezustands Auskunft geben über ihre sexuelle Kondition (Anziehung und Stimulation im sexuellen Bereich), Geschlecht, Alter, Status, Gestimmtheit und territoriale Ansprüche (Warnduft zur momentanen Drohung, Erhalt und Erhöhung der Individualdistanz, Revierverteidigungsbereitschaft)?

... eine *rein* emotionale Betrachtung des Hundes letztendlich dann tierschutzrelevant wird, wenn Hunde beispielsweise für situativ adäquate, angeborene Verhaltensweisen, die die Menschen als unangenehm empfinden (Pinkeln, Bellen, Sichwälzen etc.), bestraft werden (Feddersen-Petersen 2004)?

In den Rocky Mountains lebt die höchste Prozentzahl an schwarzen Wolfsindividuen.

... die Welpen von grauen Wolfsfähen eine höhere Überlebensrate haben als die von schwarzen Fähen? Dass aber andererseits schwarze Wölfe länger leben als graue Wölfe, Fähen sogar doppelt so lang? Eine schwarze Wölfin lebt durchschnittlich acht Jahre, während eine graue Wölfin nur etwa vier Jahre lebt. Es wird angenommen, dass die Gene von heterozygoten (siehe Begriffserklärung) schwarzen Wölfen eine Immunfunktion haben (persönliche E-Mail von Dan Stahler, Juni 2011).

... das schwarze Fell von Wölfen von einem Gen kommt, das vor rund 10.000 Jahren durch Hunde eingekreuzt worden ist? Das bedeutet, dass sich Domestikation durchsetzen *kann* und so die Gene einer natürlichen Population bereichert werden. (Bei der Fellfarbenstudie handelt es sich um eine langfristige Studie, die ausschließlich an Yellowstone-Wölfen gemacht wurde. Mit den endgültigen Ergebnissen wird gegen Ende 2011 gerechnet. Pers. Mail von Dan Stahler, Yellowstone-Biologe.)

... die einzigen schwarzen Wölfe in Europa in Italien leben? In den letzten zwanzig bis dreißig Jahren ist in den nördlichen Apenninen und den Alpen die Zahl der schwarzen Wölfe stark angestiegen. Auch hier ist die Fellfarbe wieder das Ergebnis einer Hybridisierung mit Hunden (C. Greco 2009). Manchmal tauchen jedoch Jägerfotos von erschossenen „schwarzen" Wölfen aus Russland und Serbien auf. Von solchen Fotos auf tatsächliche Farben zu schließen, ist durch schlechte Lichtverhältnisse schwierig. Genetische Untersuchungen gibt es dazu keine.

Auch die sehr sensible und unterwürfige „Nisha" suchte nach Verlassen ihrer Familie Anschluss an eine andere Wolfsgruppe, was ihr auch gelang.

... in Yellowstone die meisten neuen Wolfsfamilien durch Aufsplittung einer großen Gruppe statt durch Abwanderung von einzelnen Wölfen entstehen? Im Allgemeinen wandern in Yellowstone geschlechtsreife Rüden und Weibchen vom Typ „Seelchen" frühzeitig ab (siehe Foto oben).

... das Teilen von Nahrung an sich bei Tieren *keine* moralische Handlung darstellt? Vielmehr sind die Kapazitäten „moralisch", die zum Teilen führen wie: hohe Toleranz, Sensitivität gegenüber Bedürfnissen von anderen, wechselseitiger Austausch.

... das menschliche Gehirn Tiere schneller wahrnimmt als Gegenstände oder andere Menschen? Laut einer neuen Studie (Mormann 2011) hängt dies vermutlich mit der Evolution zusammen, weil Tiere für Menschen in der Vergangenheit entweder gefährlich oder eine willkommene Beute gewesen seien. Dabei spielt es keine Rolle, ob es sich um niedliche oder wilde Tiere handelt.

... sich Mensch und Hund zahlreiche Erbkrankheiten teilen? Zu den wichtigsten Todesursachen für Hunde gehören verschiedene Krebserkrankungen. Viele davon ähneln biologisch sehr stark menschlichen Krebsformen. Dank der Entschlüsselung des Genoms von bestimmten Hunderassen können Forscher die korrespondierenden menschlichen Krankheiten heilen. Beispiel: Für Herzmuskelentzündungen, die häufig bei Boxer-Hunden auftreten, konnten dank der Aufschlüsselung dieses Genoms neue Heilmethoden gefunden werden. Ohne Hunde hätte dies Jahrzehnte gedauert (NOVA 2011).

Service

Begriffserklärungen

heterozygot
Mischerbig. In den Körperzellen von höheren Tieren liegen die Chromosomen in doppelter Ausführung vor. Ein Chromosom stammt jeweils vom Vater, das andere von der Mutter. Liegt bei einem Organismus mit doppeltem Chromosomensatz das Gen für ein bestimmtes Merkmal in zwei unterschiedlichen Varianten (Allele) vor, dann ist er hinsichtlich des entsprechenden Merkmals mischerbig (heterozygot). Bei der Merkmalsausprägung setzt sich dann entweder eines der beiden Allele durch (es ist also dominant) oder es resultiert ein Mischtyp. Heterozygote schwarze Wölfe haben einen Überlebensvorteil. Homozygote schwarze Wölfe sterben jung. In Yellowstone sind alle schwarzen Wölfe heterozygot.

Phylogenese
Als Phylogenese bezeichnet man sowohl die stammesgeschichtliche Entwicklung der *Gesamtheit* aller Lebewesen als auch bestimmter Verwandtschaftsgruppen auf allen Ebenen der biologischen Systematik. Der Begriff wird auch verwendet, um die Evolution einzelner Merkmale im Verlauf der Entwicklungsgeschichte zu charakterisieren.

mtDNA
Die mitochondriale DNA wird von der Mutter an die Kinder vererbt. Alle Kinder derselben Mutter haben die gleiche mitochondriale DNA.

Soziabilität
Die Fähigkeit Einzelner, ohne große Umstände neue soziale Beziehungen aufzunehmen und zu pflegen.

Sozialität
In der soziologischen Anthropologie: Die Angewiesenheit und Abhängigkeit des Menschen von sozialer Steuerung, Unterstützung und Anerkennung.

Empfohlene Wolfsliteratur der Autoren zum Weiterlesen

Bloch, Günther; Radinger, Elli H.: Wölfisch für Hundehalter. Von Alpha, Dominanz und anderen populären Irrtümern, Kosmos, 2010

Bloch, Günther; Dettling, Peter A.: Auge in Auge mit dem Wolf. 20 Jahre unterwegs mit frei lebenden Wölfen Kosmos, 2012

Bloch, Günther: Die Pizza-Hunde. Freilandstudien an verwilderten Haushunden. Kosmos, 2007

Bloch, Günther: Der Wolf im Hundepelz. Hundeerziehung aus unterschiedlichen Perspektiven, Kosmos, 2004

Radinger, Elli H.: Wolfsküsse. Mein Leben unter Wölfen. Rütten & Loening, 2011

Radinger, Elli H. (Hrsg.): Wölfen auf der Spur, Mariposa, 2010

Radinger, Elli H.: Die Wölfe von Yellowstone, Von Doellen, 2004

Quellenverzeichnis

Aureli, F. & de Waal, F. (2000): Natural conflict resolution; University of California Press.
Bekoff, M. (2001): Social play behaviour: Co-operation, fairness, trust, & the evolution of moralty; Journal of Consciousness Studies No.8, pp. 81-90.
Bekoff, M. (2002): Minding animals: Awareness, Emotions & Heart; Oxford University Press.
Bekoff, M. (2007): The emotional lives of animals; New World Library.
Bekoff, M. & Pierce, J. (2009): Wild Justice. The Moral Lives of Animals; University of Chicago Press.
Bekoff, M. (2011): Die Moral der Tiere; Kosmos Verlag.
Bekoff, M. (2011): We Second That Emotion; in: YES, Spring 2011.
Benecke, N. (1994): Der Mensch und seine Haustiere; Theiss.
Bloch, G. (2007): Die Pizza-Hunde; Kosmos.
Bloch, G. & Dettling, P. (2009): Auge in Auge mit dem Wolf; Kosmos-Verlag.
Bloch, G. & Gibeau, M. (2010): Adaptive strategies of wolves in the Bow Valley of Banff NP; Hunde-Farm Eifel.
Bloch, G. & Radinger, E. (2010): Wölfisch für Hundehalter; Kosmos-Verlag.
Bloch, G. & Paquet, P. (2011): Wolf (Canis lupus) & Raven (Corvus corax): The co-evolution of "team players" and their living-together in a social-mixed group; Hunde-Farm Eifel.
Bloch, G. (2011): Von knurrenden Hunden und verunsicherten Vierbeinern, in: Natürlich aggressiv, U. Gansloßer (Hrsg.), Filander.
Bloch, G. (2011): Kynologische Bemerkungen zum Thema Intelligenz von Wolf und Hund; Schweizer Hunde Magazin 3/11, pp. 65.
Bloch, G. (2011): Die Mär vom bösen Wolf; Interview mit Geseko von Lüpke in: Natur+Kosmos, Nr. 07/2011, pp. 36-41.
Bodderas, E. (2011): Wie Hunde und Tauben Menschen erkennen, in: Welt online, 14.08.2011
Brown, S. (2008): Serious Play – The 2008 Art Center Conference, Vortrag.
Castro, J. (2011): Do Bees Have Feelings?, in: Scientific American; www.scientificamerican.com/article.cfm?id=do-bees-have-feelings.
Greco, C. (2009): Genomic characterization of the Italian wolf. Doktorarbeit Philosophie, Biodiversität und Evolution, Universität von Bologna.
Coppinger, R. & L. (2002): Hunde; Animal Learn-Verlag.
Corbett, L. (2001): Managing the impacts of dingos and other wild dogs; Bureau of Rural Sciences.
Currat, M. & Excoffier, L. (2011): Strong reproductive isolation between humans and Neanderthals inferred from observed patterns of introgression; www.pnas.org/cgi/doi/10.1073/pnas.1107450108.
de Waal, F. (2011): What is an animal emotion?; in: The Year in Cognitive Neuroscience, Annals Of The New York Academy of Sciences 1224, pp. 191-206.
de Waal, F. (2011): Das Prinzip Empathie. Was wir von der Natur für eine bessere Gesellschaft lernen können, Hanser-Verlag.
de Waal, F. (2011): Wir sind sehr soziale Tiere; Interview in: Frankfurter Allgemeine Sonntagszeitung Nr. 31, 7.8.11

Donaldson, J. (2009): Verhaltensfragen, Hunde in der modernen Verhaltensforschung; Kynos Verlag.

Feddersen-Petersen, D. & I. Schröder (2002): First European Conference on Behavioural Biology, Conflict & Resolution, 2002, p. 29: The evolutionary origins of sociality in canids and humans.

Feddersen-Petersen, D. (2004): Hundepsychologie, Kosmos Verlag.

Feddersen-Petersen, D. (2008): Ausdrucksverhalten beim Hund; Kosmos Verlag.

Feddersen-Petersen, D. (2011): Menschen reden, Hunde bellen; Der Hund Nr.8/2011, pp.25-29.

Fengler, M. (2009): Konfliktmanagement bei sozialen Kaniden – Abbruchsignale und Versöhnung; Dipl.-Arbeit, Bonn.

Fischer, S. (2007): Abbruchsignale bei Hunden; Hunde-Farm Eifel.

Gansloßer, U. (2007): Verhaltensbiologie für Hundehalter; Kosmos Verlag.

Gansloßer, U. (2010): Vorwort in: Wölfisch für Hundehalter; Bloch & Radinger, Kosmos.

Gansloßer, U. & Strodtbeck, S. (2011): Ganz die Mutter? Der Hund Nr. 8/2011, pp. 32-35.

Gesquiere, L.R. et al. (2011) Life at the Top: Rank and Stress in Wild Male Baboons; in: Science 15 July 2011: Vol. 333 no. 6040.

Goodall, J. (1991): Wilde Schimpansen – Verhaltensforschung am Gombe-Strom; Rororo.

Goodall, J. (1997): Fax an W. Schleidt; Archiv Schleidt, Wien.

Goodall, J. (2000): Through a window, my thirty years with the chimpanzees of Gombe; Houghton Mifflin Company.

Green, R. I. (2010): A Draft Sequence of the Neanderthal Genome, in: Science 7 May 2010: Vol. 328 no. 5979 pp. 710-722.

Griffin, D. R. (1992): Animal Minds, University of Chicago Press.

Herre, W. & Röhrs, M. (1990): Haustiere – zoologisch gesehen; Fischer-Verlag.

Heinrich, B. (1991): Ravens in winter; Vintage Books.

Heinrich, B. (1999): Mind of the raven: Investigations & adventures with wolf-birds; Cliff Street Books.

Heinrich, B. (2002): Die Weisheit der Raben; List.

Heinrich, B. (2010): Teamplayer, in: Dogs No.6/2010, pp. 114-117.

Hölzel, B. K. et al. (2011): Mindfulness practice leads to increases in regional brain gray matter density; Psychiatry Research: Neuroimaging, Jan. 2011 (Vol. 191, Issue 1, Pages 36–43).

Hüther, G. (2007): Die vergebliche Suche der Hirnforscher nach dem Ort, an dem die Seele wohnt, DVD Auditorium Netzwerk

Käufer, M. (2011): Spielverhalten bei Hunden, Kosmos Verlag.

Kerasote, T. (2011): Merles Tür. Lektionen von einem freidenkenden Hund; edition tieger.

Klein, S. (2011): Der Sinn des Gebens. Warum Selbstlosigkeit in der Evolution siegt und wir mit Egoismus nicht weiterkommen; S. Fischer-Verlag.
Lepre, C. et al. (2011): Nature 477, 7362, in: doi:10.1038/nature10372.
Lindner, R. (2011): Was Hunde wirklich wollen; MG Medien-Verlag.
Lorenz, K. (1994): Er redet mit dem Vieh, den Vögeln & den Fischen; DT-Verlag.
MacLean, P. (1985): Brain, Evolution, Relating to Family, Play and the Separations Call, Arch. Gen. Psychiatry, 42, 405-417.
Mcdonald, D. & Sillero-Zubiri, C. (2005): The biology and conservation of wild canids; Oxford University Press.
Mcdonald, D. & Sillero-Zibiri, C. (2006): Sozioökologie in: Wilde Hunde; Filander.
Mason, J. (1997): Dogs never lie about love; Jonathan Cape.
Mech, L. D. (1999): Alpha status, dominance, and division of labor in wolf packs; Canadian Journal of Zoology, Volume 77.
Mech, L. D. & Boitani, L. (2003): Behaviour, ecology & conservation; Chicago Press.
MacNulty, D. (2009): Old wolves need younger wolves to thrive, by B. French in: The Billings Gazette; October 6, 2009.
Miklósi, Á. (2011): Hunde. Evolution, Kognition und Verhalten; Kosmos Verlag.
Mormann, F. et al. (2011): "A category-specific response to animals in the right human amygdala", in: Nature Neuroscience 14, 1247–1249.
NOVA (2011): Ape Genius, NOVA-National Geographic Special, 6.7.2011, PBS.
NOVA (2011): Dogs Decoded, NOVA, PBS
Oeser, E. (2004): Hund und Mensch: Die Geschichte einer Beziehung; Primus.
Panksepp, J. (1998): Affective Neuroscience; Oxford University Press.
Pääbo, S. (2010): A Draft Sequence of the Neanderthal Genome, in: Science 7 May 2010: Vol. 328 no. 5979 pp. 710-722.
Panksepp, J. (1998): Affective Neuroscience, Oxford University Press, Oxford.
Paquet, P. (2009): Vorwort in: Auge in Auge mit dem Wolf; Bloch&Dettling, Kosmos.
Peterson, D. (2011): The moral lives of animals; Bloomsbury Press, 2011.
Radinger, E. H. (2004): Die Wölfe von Yellowstone. Von Döllen-Verlag.
Radinger, E. H. (2011): Wolfsküsse. Mein Leben unter Wölfen. Rütten & Loenig.
Räber, H. (1990): Mit Hunden durch die Jahre; Paul Haupt AG.
Savolainen, P. et al. (2002): Genetic evidence for an east asian origin of domestic dogs; Science No. 289, pp.16-19.
Schaller, G. (2007): „Feral and Free – An Interview with George Schaller", New Scientist, April 5, 2007, 46-47.
Schleidt, W. (1998): Is humaness canine? Human Ethology Bulletin No 13 (4), pp. 1–4.
Schleidt, W. (2001): Ist Menschlichkeit hündisch? Unsere Windhunde 1, pp. 8–9.
Schleidt, W. & Shalter, M. (2004): Ko-Evolution von Menschen und Hunden. Eine Alternative zur Domestikation des Hundes. Homo Homini Lupus? S&SD04.doc; Ko-Evolution S&S. Deutsche Fassung Juni 2004.
Serpell, J. (1995): The domestic dog, its evolution, behaviour and interactions with people; Cambridge University Press.
Shearin, A. & Ostrander, E. (2010): Canine morphology: Hunting for genes and tracking mutations; PloS Biology, Volume 8, issue 3.

Shipman, P. (2011): The Animal Connection and Human Evolution. Penn State (2010, July 20). Animal connection: New hypothesis for human evolution and human nature. ScienceDaily. Retrieved June 29, 2011, from http://www.sciencedaily.com/releases/2010/07/100720123639.htm.

Slabbert, J.M.; Rasa, O. & Anne, E. (1997): Observational Learning of an acquired maternal behavior pattern by working dog pups: an alternative training method? in: Applied Animal Behaviour Science 53/1997.

Smith, D. (2011): Stable wolf population in Yellowstone; Interview von Beth Pratt in: National Park Traveller, http://www.nationalparkstraveler.com/2011/04/latest-studies-yellowstone-national-parks-wolf-packs-shows-stable-population7900.

Stahler, D. (2011): Aktuelle genetische Studie an den Yellowstone-Wölfen. Persönliches Gespräch, Mai 2011 mit Elli H. Radinger.

Stahler, D.; Heinrich, B. & Smith, D. (2002): Common ravens, Corvus corax, preferentially with grey wolves, Canis lupus, as a foraging strategy in winter; Animal Behaviour No. 64, pp. 283-290.

Sternthal, S. (2010): Moscow's stray dogs in: Financial Times, January 16, 2010.

Stoehr, V. (2008): Olfaktorische Kommunikation bei Hunden; Hunde-Farm Eifel.

Talacek, K. (2005) : Dominanzverhalten unter juvenilen Wölfen in einer gewachsenen altersstrukturierten Gruppe; Dipl.-Arbeit, Christian-Albrechts-Universität, Kiel.

Tortora, D. (1979): Schwieriger Hund, was tun? Müller-Rüschlikon.

vonHoldt, B. et al. (2010): Genome-wide SNP & haplotype analyses reveal a rich history underlying dog domestication; Macmillian Publishers Limited, doi: 10.1038/nature08837.

Vila, C. et al. (1997): Multiple and ancient origins of the domestic dog; Science No. 276, pp. 1687–1689.

Wachtel, H. (2011): Betr. Domestikation. Persönliche E-Mail vom 1. März 2011 an E. H. Radinger, Wetzlar.

Warstat, V. (2008): Zuteilungsbeziehungen und hierarchische Strukturen beim Zugang zur Ressource Futter; Hunde-Farm Eifel.

Weber, J.-M. (2006): Der Rotfuchs, in: Wilde Hunde; S. 199 ff; Filander-Verlag.

Wehnelt, S. und Beyer, P. (2002): Ethologie in der Praxis, Filander-Verlag.

Zimen, E. (1971): Wölfe und Königspudel; Piper.

Zimen, E. (1988): Der Hund; Bertelsmann.

Zimen, E. (2001): Wolf und Mensch. Eine lange Geschichte von Freundschaft und Feindschaft; in: Mit dem Wolf in uns leben. E.H. Radinger. von-Döllen-Verlag.

Zimen, E. (2003): Der Wolf; Kosmos Verlag.

Danke

Niemand ist eine Insel. Und auch wir könnten kein Buch schreiben und veröffentlichen, ohne die Hilfe zahlreicher Heinzelmännchen, die uns im Hintergrund unterstützen.

Dazu gehören vor allem unsere Familien, die uns den Rücken freihalten, damit wir das tun können, was wir lieben, und unsere vierbeinigen Familienmitglieder, die immer und bedingungslos für uns da sind.

Ein herzliches Dankeschön geht an Dorit Feddersen-Petersen für ihre kritischen, sehr hilfreichen Anmerkungen zum Manuskript und für das Vorwort zu diesem Buch. Auch bei Paul Paquet möchten wir uns dafür bedanken, dass er für die vielen Fragen, die wir ihm stellten, stets ein offenes Ohr hatte.

Die wunderbaren Fotos in diesem Buch wurden uns von mehreren Fotografen zur Verfügung gestellt, deren Arbeit wir außerordentlich schätzen (in alphabetischer Reihenfolge):
- Helga Drogies (www.akita-nishi-no-mori.de)
- Gunter Kopp (www.kopp-foto.de)
- John E. Marriott (www.wildernessprints.com)
- Corina Orth (www.sylter-hundeschule.de)
- Heike Schmidt-Röger (www.schmidt-roeger-foto.com)
- Monty Sloan (www.wolfphotography.com)

Ein großer Dank gilt vor allem auch unserer Lektorin, der ewig geduldigen und fürsorglichen Hilke Heinemann, die stets ein offenes Ohr für uns hat und alles in ihrer Macht stehende tut, um unsere – wir geben es zu – manchmal schwierig umzusetzenden Ideen zu verwirklichen.

Last but not least danken wir unseren Lesern und Seminarteilnehmern für ihre Begeisterung, Anregungen und Anschauungsbeispiele, von denen einige auch in dieses Buch eingeflossen sind. Liebe Hundeleute, ohne euch würden wir heute „wissenstechnisch" nicht da sein, wo wir sind.

Wolfsfotos der „Pipestone"

Wer die Fotos der Pipestone-Wölfe aus diesem Buch in unterschiedlichen Formaten käuflich erwerben möchte, kann dies bei Helga Drogies bestellen:

haican@aol.com
www.gesunde-hunde-shop.de
www.akita-nishi-no-mori-de

Wolfs-Patenschaften über Günther Bloch

Ob Diskussionen über Alphastatus, Futterrangordnung, Führungsverhalten, Welpenaufzucht und Fürsorge oder den Austausch von Kommunikationssignalen – jeder erzählt etwas anderes über Wölfe und verunsichert den einfachen Hundehalter immer mehr. Durch eine Patenschaft für die Leittiere der Pipestone-Wolfsfamilie „Spirit" und „Faith", hat jeder die Möglichkeit, immer wieder neue Feldforschungsergebnisse aus erster Hand zu erhalten.
Hunde-Farm „Eifel"
Von Goltsteinstr. 1
53902 Bad Münstereifel-Mahlberg
Tel.: 02257 / 952 661
Fax: 02257 / 952 660
www.hundefarm-eifel.de
canidexpert@aol.com

Weitere Ansprechpartner für die Hunde-Farm „Eifel"

Angelika Lanzerath (Hundeschule)
Tel./Fax: 02257/7728, Mobil: 0163/ 5676407
E-Mail: kedvesmomo@t-online.de

Daniela Sommerfeld (Hundepension)
Tel./Fax: 02257/7441, Fax: 02257/952660
E-Mail: hundefarm-eifel@web.de
Mit 33 Jahren verfügen wir über die längste Erfahrung in Bezug auf Gruppenhaltung von Urlaubshunden.

Wolfsreisen über Elli H. Radinger

Die Autorin bietet Interessierten die Gelegenheit, sie bei ihren Wolfsbeobachtungen in Yellowstone zu begleiten. Die Teilnehmer der Wolfsreisen lernen die berühmtesten Wölfe der Welt kennen, erfahren alles über ihr Sozialverhalten, Jagdtechniken, Beutetiere, über die ökologischen Zusammenhänge und die Arbeitsweisen der Biologen.
Elli H. Radinger / Wolfsreisen
Blasbacher Str. 55
35586 Wetzlar
Tel.: 0 64 41 / 3 29 69
Fax: 0 64 41 / 3 34 49
www.yellowstone-wolf.de
info@yellowstone-wolf.de

Wolf Magazin

Das Wolf Magazin, herausgegeben von Elli H. Radinger, ist seit 1991 die einzige deutschsprachige Fachzeitschrift über Wölfe und andere wilde Kaniden. Das Wolf Magazin erscheint zweimal jährlich (Frühjahr und Herbst) mit zahlreichen Farbfotos als Buch im Buchhandel.
Redaktion Wolf Magazin
Blasbacher Str. 55
35586 Wetzlar
Tel.: 0 64 41 / 3 29 69
Fax: 0 64 41 / 3 34 49
www.wolfmagazin.com
redaktion@wolfmagazin.com

Autoren

Günther Bloch wurde am 9. März 1953 in Köln geboren. Der gelernte Reisebürokaufmann gründete 1977 das Kaniden-Verhaltenszentrum Hunde-Farm „Eifel", das bis heute aus einer Forschungsabteilung, Hundeschule und Hundepension besteht. In seiner aktiven Zeit als Hundetrainer beriet und betreute er zwischen 1978 und 2001 insgesamt knapp 32.000 Mensch-Hund-Teams. Nach Abschluss seiner Verhaltensstudien von Gehegewölfen (Wolf Park / USA) und gemischten Kanidengruppen (Trumler-Station) gründete Günther Bloch zusammen mit Elli Radinger und anderen die „Gesellschaft zum Schutz der Wölfe e.V.". Als deren Geschäftsführer leitete er unter anderem von 1993-1996 ein Herdenschutzhunde- und Telemetrieprojekt an frei lebenden Wölfen in der Slowakei.

Seit 1992 führt er unter fachlicher Beratung von Paul Paquet und Mike Gibeau in den Nationalparks der kanadischen Rocky Mountains Verhaltensforschungen an Timberwölfen durch. Zwischen 2005 und 2007 studierte er im Rahmen seines „Tuscany Dog Projects" das Sozialverhalten verwilderter Haushundegruppen in Italien.

Autoren | 187

Elli H. Radinger (geb. 1951) gab 1983 ihren Beruf als Rechtsanwältin auf, um ihre Liebe zu den Tieren und zum Schreiben zu verbinden. Seitdem arbeitet sie als Freie Fachjournalistin für zahlreiche Tier- und Naturzeitschriften und schreibt Bücher über Themen wie Wolf, Wildnis, Natur, Umwelt und Ökologie.

Schon immer galt die Leidenschaft der Autorin, die mit Hunden aufwuchs, den Wölfen. Als sie diese 1991 während Verhaltensstudien von Gehegewölfen in Wolf Park, einem amerikanischen Wolfsforschungsinstitut, näher kennen lernte, verfiel sie dem „Wolfsvirus".

Gemeinsam mit Günther Bloch und anderen gründete sie 1991 die „Gesellschaft zum Schutz der Wölfe e.V.", deren Vorsitzende sie zehn Jahre lang war. Seit dieser Zeit gibt sie auch das Wolf Magazin heraus. Einen Großteil des Jahres hält sich die Autorin im amerikanischen Yellowstone-Nationalpark in Wyoming auf, wo sie seit der Wiederansiedlung der Wölfe 1995 als Freiwillige im Wolfsprojekt mitarbeitet. Wolfsfreunde haben die Gelegenheit, Elli Radinger als Guide in Yellowstone zu buchen oder an einer ihrer Wolfsreisen teilzunehmen. Sie ist der Überzeugung: „Wir Menschen können viel von wilden Wölfen lernen."

Register

Abbruchsignal 92 f., 119, 121
Abwanderungsverhalten, wolfstypisches 44
Afrikanische Buschmänner 16
Afrikanischer Wildhund 24
Aggression 46, 96
Aggressive Kommunikation 19
Alternativverhalten 105
Anführerschaftsproblem 86
Anführer-Typ 107, 114
Angstaggressives Verhalten 118
Anpassungsfähigkeit 16
Anteilnahme 133
Appetenzverhalten 87
Asiatischer Rothund 24
Äthiopischer Wolf 24, 41, 172
A-Typen 101ff.
Ausdrucksverhalten 31, 59
Auseinandersetzungen 91, 96
Auslastung 19
Außenrevier 83, 87, 98, 150

Basisverhalten, kanidentypisches 53
Baum der Emotionen 133
Bedürfnis nach Gesellschaft 150
Begrüßung 112
Beißhemmung 92
Bekoff, Marc 10, 28, 52, 62, 92, 100, 124, 127, 130, 134
Bellverhalten 55, 138
Belohnungen 94
Benecke, Norbert 44
Beobachtungslernen 78f.
Beschwichtigungssignale 66, 146
Besitzkontrolle, situationsangemessene 87
Beutefangkontrollproblem 86
Beutefangverhalten 59
Beutespiel 91
Beziehung Mensch-Hund 83
Bindungspartner 172
Biologisch vorgegebene Verhaltensweisen 74
Bolhuis, J. 131
Broom, D. 147
Brown, Steward 31
Brutpflege 52f.
B-Typen 101ff.
Budiansky, Stephen 124

Bunter Hund 24
Burghoff, J. 136

Canidae 24
Canis edwardii 18
Canis familiaris pari 41
Canis familiaris schensi 41
Canis lupus 14, 18, 24
Canis lupus dingo 41
Canis lupus f. familiaris 40
Canis lupus L. 40
Canis lupus simensis 24, 41
Canoidea 24
Cavalieri, Paola 127
Chemische Signale 173
Conditio humana 133
Coppinger, Ray & Lorna 43, 124
Corbett, Laurie 61
Corvidae 35
Crockford 41
Cuon alpinus 24

Darwin, Charles 74, 124, 131
de Waal, Frans 9, 20, 67, 125, 133f.
Deeskalation 118
Dettling, Peter 24
Dingo 61
Direkter Typ 101
Domestikation 32, 40ff., 174
Dominanz 83
Dominanzbeziehungen 61
Donaldson, Jean 78
Dreiklassengesellschaft 107
Dreistufenmodell 110ff.
Drohmimik 91
Drohverhalten 113f.

Egoismus 20, 22f.
Emotionale Intelligenz 94
Emotionale Stabilität 23
Emotionale Verbundenheit 143ff.
Emotionale Vokalisation 139
Emotionale Werkzeuge 62
Emotionales Wohlbefinden 147
Emotionen 23, 94
Empathie 28, 43, 62, 124ff.
Entwicklung, Mensch und Hund 14ff.
Erbkrankheiten 175
Ernährung, artgerechte 53
Erziehungsauftrag 102

Ethisch-moralische Verhaltenskulturen 29
Evolution des Menschen 14
Evolution von hundeartigen Raubtieren 18
Evolutionäre Diskontinuität 124
Evolutionäre Kontinuität 124
Expansionsabsichten 81

Fair play 28
Feddersen-Petersen, Dorit 14, 20, 28, 35, 40, 46, 55f., 100, 134, 136
Fellfarbenstudie 174
Fengler, M. 93
Fischer, S. 93
Fitness-Begriff 74, 80
Fleischfressende Allesfresser 53
Flexible Regeln 155ff.
Fluchtdistanz 61
Franck, Rolf & Madeleine 94, 144
Freiraumbegrenzung 119
Freundschaft 143ff.
Führungsanspruch 91
Führungspersönlichkeit 25, 82
Funktionskreise 52f.

Gansloßer, Udo 47, 96, 107, 110
Gefühle 124ff.
Gegenseitige Perspektivübernahme 133
Gemeinschaftsjagd 30
Genetische Vielfalt 49, 53f.
Geruchsreize, revierspezifische 98
Geselliger Typ 113, 118ff.
Gesellschaften 20
Gewalt 130
Goodall, Jane 21, 126
Goodmann, Pat 67
Grauwolf 18, 24
Gray, Melissa 41, 54
Grewe, Michael 83, 140, 143
Griffin, Donald R. 136
Grundcharakter 101, 113, 117, 121, 140
Grundeinstellung 22, 24, 62
Grundemotion 137f.
Grundlegende Bedürfnisse 77
Gruppengrößenoptimierung 172

Register | 189

Gruppenregeln 19
Gruppenverbände 20

Haplotypen 50
Hare, Brian 22, 46, 67, 96
Hausstandsregeln 150ff.
Hediger, Heini 143
Heinrich, Bernd 32, 126
Herre, W. 41, 56
Hölzel, Britta K. 116
Homo erectus 14, 18, 28, 34, 40
Homo neanderthalensis 15, 34, 40
Homo sapiens 14ff., 28, 40
Hundeartige 24, 28, 53, 92
Hunde-Familie 24
Hundeproblem 116
Hundesprache 137
Hundetrainer 147
Hundetypen 107
Hundezucht 32, 48f.
Hüther, Gerald 77

Ignorieren 23, 59, 110, 144
Indirekter Typ 101
Individualcharakter 127
Individualdistanz 114, 119f., 174
Innere Belohnung 126
Intelligenz 92ff.
Intelligenz, kollektive 28
Intelligenz, sozioemotionale 28
Intelligenz, technische 35

Jagdfähigkeit, physische 25
Jagdtaktik 29f.
Jagdverhalten 57, 109
Junghundphase 90, 119

Kaminski, Julia 67
Kampfverhalten 52f.
Kanidenprinzip 85
Käufer, Mechthild 62
Kerasote, Ted 151
Kernrevier 98, 150
Kindchenschema-Problematik 134
Klein, Stefan 74
Klinghammer, Erich 67
Ko-Evolution 28ff.
Kognitive Fähigkeiten 61
Kognitive Umweltprägung 98
Kollektive Intelligenz 95
Kollektive Lernprozesse 96

Kollektive Verhaltensausrichtungen 95
Kollektives Lernen 95
Kommandos 172
Kommunikation 52f., 59, 67
Konflikte 131, 147
Konfliktmanagement 152f.
Kontaktlaute 59
Kooperation 22f., 30, 56f.
Kooperationsbereitschaft 28, 133
Kooperationsfähigkeit 22, 37
Kooperationstiere 28ff.
Kooperative Geselligkeit 150
Kooperativ-hündisches Denken 145
Kopfhundtyp 110ff., 117ff.
Körpersprache 31
Kotrschal, Kurt 22, 57, 133
Kringelbach, Morten 134
Kulturgeschichte Mensch-Hund 74ff.
Künstliche Selektionsbemühungen 43

Langzeitsymbiose 32f.
Lautgebung 137
Lebensraumintelligenz 29
Lebensraumprägung 63
Leittiere 27
Limbisches System 124
Lindner, Ronald 140
Lorenz, Konrad 34
Luy, Jörg 46
Lycaon pictus 24

Macdonald, David 53, 78
MacLean, P. 124
MacNulty, Dan 25
Manipulation 143
Markieren 75f., 173
McFarland, D. 131
Mech, Dave 172
Meet Your Match TM-Programm 117
Meideverhalten 103
Menschenaffen 20
Menschentypen 117
Mensch-Hund-Beziehung 19, 32f., 62, 80, 116
Miklósi, Ádám 47, 49, 56, 67, 137
Milan, Cesar 102

Mills, Daniel 136
Moderne Rassen 49
Moderner Haushund 53
Moderner Mensch 15
Moral 124ff.
Moralanaloges Verhalten 28
Moralvorstellungen 22

Nahrung 54f.
Naturentfremdung 20
Natürlicher Ausleseprozess 43
Neandertaler 14ff..
Normalverhalten 79
Nowosibirische Farmfuchs-Modell 45

Oeser, Erhard 29
Omegawölfe 108
Ostrander, Elaine 40

Pääbo, Svante 16
Panksepp, Jaak 62, 136
Paquet, Paul 24, 28
Parallel-Domestikation 41
Pariahundetypen 41
Persönlichkeitscharaktere 101
Persönlichkeitsstruktur 80
Persönlichkeitstypen 117, 119
Peterson, Dale 124, 131
Pierce, J. 130
Poyarkov, Andrei 60
Primaten 20ff.
Pruetz, Jill 28

Räber, Hans 100
Rangbeziehung 42
Rangordnung 60
Rassehundezucht 49, 53
Ressourcenkontrolle 96, 120
Ressourcensicherung, situative 89
Ressourcenzuteilungsproblem 86f.
Revierverteidigung 96, 120
Revierverteidigungsbellen 56
Ritualeinübungen 150ff.
Ritualisierte Kommunikation 48
Röhrs, M. 41
Rollen, spielerische 64
Rückkopplungsprozess 96
Rückkreuzungsgegebenheiten 40

Rudelbildung 172
Rudelgemeinschaft, kooperative 61
Rudeltier 77

Savolainen, Peter 40
Schaller, George 124
Schensi-Hund 41
Schleidt, Wolfgang M. 14, 22, 29f.
Schwarze Wölfe 174
Seelchen-Typ 107, 115, 118ff.
Seismografische Fähigkeiten 21
Selektion 48f.
Serpell, J. 47
Sexualverhalten 52f.
Shalter, Michael D. 22, 30
Shearin, Abigail 40
Shipman, Pat 14
Signaltraining 87
Sillero-Zubiri, C. 78
Singer, Peter 127f.
Situationsbedingte Besitzansprüche 42
Smith, Doug 26
Sozialbewusstsein 133
Soziale Anerkennung 77
Soziale Ausgrenzung 111
Soziale Beziehungen 27
Soziale Faktoren 172
Soziale Gruppenstrukturen 60f., 130
Soziale Hierarchie 84
Soziale Intelligenz 92f.
Soziale Kompetenz 62
Soziale Kontakte 64
Soziale Mischgruppen 32
Soziale Organisationsformen 60ff.
Soziale Rollen 28
Soziale Situationen, unterschiedliche 129
Soziale Systeme 28f., 78, 93
Soziale Verantwortung 22
Soziale Verhaltensvariationen 197
Sozialer Lebensstil 14
Soziales Interesse 107
Soziales Lernen 92
Soziales Miteinander 27
Soziales Mittelfeld 107
Soziales Spiel 31, 62, 115
Sozialisation 43, 56, 82, 120

Sozialisationsphase 93
Sozialisationsprozess 32
Sozialnetz, robustes 78
Sozialpartner 80, 94f., 119
Sozialrangordnung 110
Sozialstatusverbesserung 120
Sozialverhalten 15f., 52f., 116
Sozialverständnis, intuitives 37
Sozioemotionale Beziehungsebene 141, 147
Soziobiologische Gemeinschaftsinteressen 82
Soziobiologische Markttheorie 77
Soziobiologische Zusammenarbeit 79
Sozioemotionale Interaktionen 140
Sozioemotionale Stimmungsübertragung 62
Sozioemotionale Überreaktion 134
Sozioemotionalität 124ff.
Spaziergänge 19
Stabiles Gefühlsleben 143ff.
Stahler, Daniel 172, 174
Stimmungsübertragung 133
Stress 64, 66, 84, 97
Strikte Regeln 155ff.
Suchtverhalten 91
Symbioseartige Beziehung 30, 43

Talacek, K. 93
Technische Intelligenz 99
Territoriale Beutejäger 74
Territorialverhalten 52f.
Timberwölfe 24
Tötungsrate 25
Trumler, Eberhard 110
Trut, Lyudmila 45
Typ, Beobachter- 118
Typ, Dynamische- 119
Typ, Engel- 120
Typ, Engel- 134
Typ, Experte- 121
Typ, Freigeist- 119
Typ, Herrscher- 120
Typ, Kumpel- 119
Typ, Seelenverwandte- 117f., 134

Überlebensrate 174

Übermarkieren 173
Übersprungsverhalten 121
Umweltintelligenz 96
Unerwünschte Verhaltensweisen 94
Unmoralisches Verhalten 130
Unterwürfigkeitsbekundung 66, 119
Unvas-Moberg, Kerstin 140
Urhundepopulation 40
Urinstinkt 21

Verantwortung 83, 91
Verhaltensmuster 117, 121
Verhaltensrepertoire 129
Verhaltensrituale 19, 153
Verhaltensselektion 47
Verhaltensstrategien 94, 99
Verhaltenstendenzen 121
Versöhnungsbereitschaft 23
Vertrauen 19
VonHoldt, Bridget 40, 49f.
Vorratswirtschaft 55

Wachtel, Hellmuth 54, 56
Wehnelt & Beyer 53
Welpenabgabe, rasseorientierte 47
Wettbewerbsaggression 121
Wolf und Hund 51ff., 67
Wolf und Rabe 32ff., 172
Wolfsart, erste 18
Wolfsdynastien 26
Wolfshybriden 49
Wolfskontrolle 43
Wolfstyp 49
Wolfswelpen 56
Wolfszähmung 44
Wynne, C. 131

Xenophon 172

Zeigegesten 67ff.
Zimen, Erik 43, 55f., 110, 126
Zusammengehörigkeitsgefühl 31
Zusammenleben unterschiedlicher Arten 37
Zuteilung von Ressourcen 42
Zweigleisiges Informationsangebot 67
Zwischenartliche Beziehung 32, 37, 67

KOSMOS.
Verhaltensforschung hautnah.

Mensch-Hund-Verhältnis

Irrtümer sind in der Hundeerziehung weit verbreitet und werden mit dem natürlichen Verhalten der wölfischen Vorfahren begründet. Doch verhalten sich Wölfe wirklich so? Elli Radinger und Günther Bloch zeigen, was wir von ihnen und ihrem Familienleben für unseren Umgang mit Hunden lernen und praktisch nutzbar machen können.

Bloch • Radinger | **Wölfisch für Hundehalter**
192 S., 173 Fotos, €/D 19,95
ISBN 978-3-440-12264-8

Eindrucksvolle Aufnahmen

Einzigartig: Günther Bloch und der Naturfotograf Peter A. Dettling berichten nicht nur über ihre sensationellen Erlebnisse mit den kanadischen Timberwölfen, sondern beschreiben auch deren unterschiedliche Strategien im Umgang mit Menschen, Beutetieren oder Fressfeinden aller Art.

Bloch • Dettling | **Auge in Auge mit dem Wolf**
176 S., 188 Fotos, €/D 29,99
ISBN 978-3-440-13249-4

kosmos.de/hunde

Bildnachweis

Mit 55 Farbfotos von John Marriott/Kosmos; Helga Drogies (44; S. 12/13, 16, 18, 23 o., 24, 25, 29, 32, 33, 35, 44, 48, 52, 57, 62, 63, 66, 71 o., 76, 82 o., 85, 93 u., 105, 108, 114, 115, 125, 129, 130, 141, 145, 146, 152, 153, 162, 186); Heike Schmidt Röger (18; S. 6, 19 u., 42, 93 o., 93 m., 98, 118, 120, 122/123, 137, 164, 165, 166, 167, 168, 169, 170, 171); Corina Orth (11; 13; S. 27 u., 31 re., 47 o., 51 o., 59, 71 u., 82 m., 90 o., 99, 110, 135); Fotolia (8; S. 1 li./Martina Berg, 15, 21/Nick Biemans, 40/Conny Hagen, 84/Pascal Martin, 128/Vielfalt, 151/Xavier Marchant, 154/Barney Boogles); Günther Bloch (9; S. 5, 60, 80, 131, 173, 174, 175, 178); Tierfotoagentur (4; S. 20/J. Ritterbach, 45/R. Richter, 49/J. Hutfluss, 51 u./A. Brillen); Elli H. Radinger (6; 4; S. 9, 31 li., 47 m., 47 u., 69, 95); Gunther Kopp (3; S. 37, 58, 127); Tatjana Drewka (2; S. 38/39, 46); Ulla Berg-ob (1; S. 187); Peter Blanché (1; S. 41); Angelika Lanzerath (1; S. 87); Sabine Stuewer/Kosmos (1; 148/149).
Mit 2 Schwarzweißfotos von Monty Sloan (S. 68).
Mit 4 Illustrationen von Wolfgang Lang (2; S. 50, 133); Wolfgang Schleidt (1; S. 17); Wehnelt & Beyer (1; S. 53).

Impressum

Umschlaggestaltung von eStudio Calamar unter Verwendung von vier Farbfotos von John Marriott (Vorderseite rechts, Rückseite) und Fotolia/Martina Berg (Vorderseite links).

Mit 171 Farbfotos und 4 Farbzeichnungen.

Alle Angaben in diesem Buch erfolgen nach bestem Wissen und Gewissen. Sorgfalt bei der Umsetzung ist indes dennoch geboten. Der Verlag und die Autoren übernehmen keinerlei Haftung für Personen-, Sach- oder Vermögensschäden, die aus der Anwendung der vorgestellten Materialien und Methoden entstehen könnten.

Unser gesamtes lieferbares Programm und viele weitere Informationen zu unseren Büchern, Spielen, Experimentierkästen, DVDs, Autoren und Aktivitäten finden Sie unter **kosmos.de**

Gedruckt auf chlorfrei gebleichtem Papier

© 2012, Franckh-Kosmos Verlags-GmbH & Co. KG, Stuttgart.
Alle Rechte vorbehalten
ISBN 978-3-440- 13206-7
Redaktion: Hilke Heinemann
Gestaltung und Satz: DOPPELPUNKT, Stuttgart
Produktion: Eva Schmidt
Printed in Slovakia / Imprimé en Slovaquie